歴史文化ライブラリー

36

吉川弘文館

平安京の都市生活と郊外

古橋信孝

目次

『源氏物語』の郊外

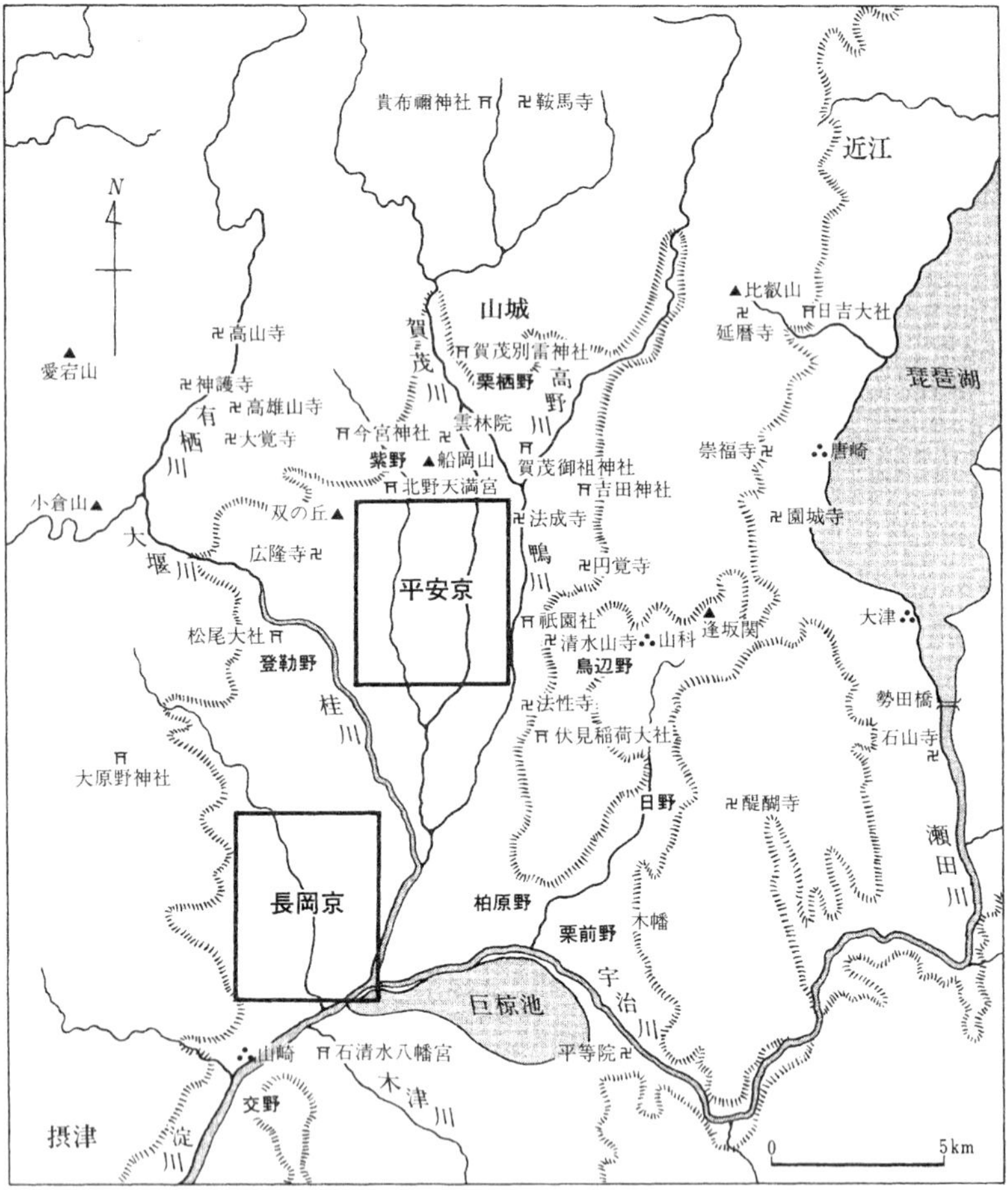

貴布禰神社
鞍馬寺
近江
N
山城
比叡山
日吉大社
延暦寺
高山寺
賀茂川
賀茂別雷神社
愛宕山
神護寺
栗栖野
高野川
琵琶湖
有栖川
高雄山寺
今宮神社
雲林院
大覚寺
崇福寺
唐崎
紫野
船岡山
賀茂御祖神社
北野天満宮
吉田神社
小倉山
双の丘
法成寺
園城寺
大堰川
広隆寺
鴨川
円覚寺
平安京
祇園社
大津
松尾大社
逢坂関
清水山寺
山科
登勒野
鳥辺野
勢田橋
桂川
法性寺
伏見稲荷大社
石山寺
大原野神社
日野
醍醐寺
瀬田川
長岡京
柏原野
木幡
栗前野
宇治川
巨椋池
山崎
石清水八幡宮
平等院
木津川
交野
摂津
淀川
0
5km

平安京周辺図

都市と郊外

2

都市とは

従来の都市像

われわれの教えられてきた都市の像は、ヨーロッパをモデルにしたものだった。だから、日本の古代都市は権力によって作られた政治都市で、ほんとうの都市ではないとされた。市民階級が自治力をもつのが都市だというのである。もちろん、この考え方は間違っている。世界の一地域のあり方をもって、他地域のあり方に価値判断を下すのは公平ではない。ある固定した見方から歴史をみているにすぎない。文化には高低がないことを明らかにした文化人類学や構造主義以降にある現在において、ヨーロッパの都市が本物で、日本の都市は偽物だという論はきわめて政治的な考え方だ。

そこで、われわれは、理念を棄てて、事実にそって歴史的に都市をみる必要がある。本書はそういう意味で、京の郊外がどういうものだったかを通じて、日本の都市を考えようとするものでもある。これまでの都市論はあまり郊外に注目してこなかった。やはりヨーロッパを典型としてきたからだと思う。日本の都市は最初から郊外を含みながら構想されたように思える。そう考えねばならない根拠は、もちろん残された文献にある。

私は、ひそかに、文献を読む基礎は文学研究にあると思っている。古典文学研究は言葉、その表現を歴史性として読むことを前提とするから、文献を読むことから導かれる歴史学などに対しても基礎のはずだ。しかし、私は一応古典文学研究者だから、いわゆる文学作品から古代の生活などを考えていて、自然との関係などでどうしても郊外を考えねばわからないと思うようになったが、郊外をより具体的に明らかにできるのは歴史学だと思っている。その意味で、本書は歴史学によって超えられることを期待する過程的なものと考えている。歴史学は具体的な事実を明らかにしてくれるからだ。ただ、読みの方法を示す基礎として、郊外を示してみたいと考えているだけだ。本書が説話文学、日記文学、物語文学などの、いわゆる文芸を中心に都市の郊外を考えているのはそれゆえでもある。

都市と城壁

都市は城壁に囲まれたものとしてある。これがヨーロッパや中国の都市だ。城壁によって外部と内部を明確に分けている。ギリシャ語で未開人を意味する言葉はバルバロイで、野の人という意味でもあるという。小南一郎によれば、中国では、大地を四角なものとして考え、混沌状態としての海に大地が浮かんでいるという像があり、その大地の象徴が都市であるという（平成四年度説話伝承学会における報告）。したがって、都市は海に浮いていることになる。そして、海の波は都市を浸そうとするから、城壁が必要になるという。つまり、混沌から文明を守るために城壁があることになる。このように、中国もヨーロッパも、都市は文明であり、外の混沌、未開から文明を守るために城壁をもつという点で一致している。ただし、ヨーロッパの都市は地形に従った城壁をもち、四角である中国と異なる。四角という整った形は人為的だから、中国の都市はきわめて理念的だということができる。

その中国の都市長安をモデルにしながら、日本のはじめての都市とされる藤原京は城壁がない。藤原京も二番目の本格的な都市平城京も、そして一〇〇〇年も都であり続けた平安京にも城壁はなかった。この問題は、外敵がいなかったから、経済力がなかったからという説明がされてきた。確かに中国もヨーロッパもしばしば戦争があり、都市が滅び、国家は消滅し、王朝が交替している。日本だって、戦乱があり、政権は交代している。にもかかわらず、外敵がいないと考えるのは、たぶん、日本は単一民族という考え方に基づいている。しかし、民族などという概念のない古代において、そんな論点は成り立たない。藤原京遷都は六九四年だが、その二二年前の六七二年に、たぶん日本で最初の全国規模、という言い方が言い過ぎだとすれば、一国の範囲を超えた大動乱があった。そういう時代に敵がなかったからという理由はおかしい。経済力の問題についても、国家を確立しようという時期に経済力がないはずはないし、多大な人力を徴用できる国家が城壁を作れないはずがない。というわけで、日本の都市が長安をモデルにしながら城壁をもたなかったのは、他の理由が考えられねばならないことになる。日本との親近性がいわれる朝鮮においても、都市は城壁をもつものだった（高橋誠一『日本古代都市研究』古今書院、一九九四年）。したがって、この城壁をもたないということは、日本の都市の特徴と考えられる。

共通語と都市

藤原京がはじめての都市ということは、天皇を中心に官僚制度が整備され、内裏を中心に官衙《かんが》が一ヵ所に集められ、そこに勤める人々が生活する市街が形成されたことを意味している。そこに集まる多数の人々の生活を成り立たせるために、官人以外の人々も集まる。さまざまな地域共同体から人々が集まるわけだ。これは、異なる文化、異なる言葉をもった人々が交流する場であることを意味している。そして、異なる文化、言葉をもった人々が交流するために、まったく新しい文化、言葉を生み出すことを意味している。それが都市だ。

われわれの教えられた日本の歴史は、日本文化、日本語という共通性を前提においている。しかし、九州の人々と関東の人々が同じ言葉を話し、同じ文化の生活をしていただろうか。大学入試の合格発表を見た足でそのまま山陰地方を旅したことがあったが、山陰本線に入ったとたん、周囲の人々が方言になり、東京生まれ東京育ちの私にはほとんど意味がわからず、それからの旅の一週間、ほとんど言葉を発しないですごした体験がある。われわれは共通語をもっているから、こちらから話しかければ意志の疎通はできる。しかし、共通語がない状態を想定すれば、異なる地域の人々は異なる言葉をもった異人に感じられる。共通語は国家が権威によって全国に強制するものである。ならば、国家以前の古代において、各地域は異なる文化、異なる言葉をもっていたと考えるほうが自然だろう。ラジオやテレビなどの一瞬にして全国に一律に伝わる情報機関をもたず、また比較的に自給自足的に生活していた古代において、共通語は国家が命令伝達のために使用する以外、それほど必要なかったとすれば、異なる文化、言葉は長く続いたと考えたほうがいいだろう。その意味でも、都市の成立が共通の言葉、共通の文化をもたらしたといえるのである（詳しくは古橋『古代都市の文芸生活』大修館書店、一九九四年）。

国家の制度や機構の整備には法律が要求される。それ以前に律令がなかったわけではないが、飛鳥浄御原令《あすかきよみはら》、大宝令と後まで深く影響を与える律令が整えられたのも、藤原京の時代だった。律令と都市は切り離せない。律令は、全国の人々を一律に公平に把握するものである。文化の差異、言葉の差異を超える価値を定めたのが律令だといえる。いうならば、律令によって、日本という共通の地域が定められ、日本文化、日本語という共通性が生み出された。

その意味で、律令は中国の制度をまねたものではない。当時の各地域が国家という同一性をもとうとしたときの根拠が律令だったということだ。国家をなすためには律令が必要だった。東アジア世界では、朝鮮もベトナムも日本も律令によって国家を作った。したがって、中国も朝鮮も日本も律令によって国家をなしているという意味で、対等の国家だった。その際、律令を記す漢字も共通性をもつものとなっている。日本に文字がなかったから、中国の漢字を移入したわけではない。現象としてはそうだが、漢字を使うことによって、日本は中国とも朝鮮とも意志の疎通が可能だった。さらに、日本全国にも漢字によって中央の意志が一律に伝達できた。漢字は、いわば共通語、世界語の役割をはたしたのである。それ以降長く、公的な文書には漢字、漢文が使用されたのはそれゆえだ。

都市は、異なる文化、異なる言葉をもった人々が集まり交流する場であった。それゆえ、そこでは新たな文化、言葉が生まれる。したがって、それは基本的に、地域性を超えるものであった。しかし、日本の古代都市は、政治都市と呼ばれるように、天皇の居住空間である内裏を中心にし、各官衙の機構を集中させたものであった。これは、天皇が別の場所に移れば、都市も消滅するものであることを意味している。律令も、天皇、皇族を体制外に位置づけている。そして、中国の科挙《かきょ》をモデルにした制度が作られたにもかかわらず、血筋による貴族たちが政治の中心にいた。いわば、神である天皇と選別された貴族によって国家は成り立っている。したがって、都市は神がこの世にあらわれた場所でもあった。藤原京が神の世を実現するものであったことは、『万葉集』の「藤原宮の役民《えのたみ》の作れる歌」（巻一・五〇）に「わが国は　常世《とこよ》にならむ」と予兆があったことがうたわれていることで確認できる。

平城京の郊外春日野

藤原京はわずか一六年で、平城京に遷都する。これは、藤原京が都市として定着しないで終わったことを示している。新しい言葉、新しい文化が生み出されるには、都市生活の定着が必要である。その意味で、日本の都市は平城京から始まる。

季節を受感する場所としての春日野

私が古代都市の郊外を考えるようになった理由の一つに、『万葉集』の季節の変化を受感する歌に春日《かすが》を詠んだものが多いことを疑問に思ったことがあった。

霞《かすみ》を詠《よ》める

昨日こそ年ははてしか春霞春日の山にはや立ちにけり

冬過ぎて春来たるらし朝日さす春日の山に霞たなびく

鶯の春になるらし春日山霞たなびく夜目《よめ》に見れども　（巻一〇・一八四三〜四五）

「春の雑歌《ぞうか》」として分類されたものから引いた。「霞を詠める」として挙げられている三首すべてが春日の歌で、春の訪れを春日の霞で感じていることを詠んでいる。霞の立つ場所は春日山だけでないはずなのに、このように、春日が圧倒的に多く詠まれている。三首目は、「夜目に見れども」とあり、夜は基本的に外に出てはならないことを考えると、この歌を詠んでいる場所は平城京としていいと思う。というのは、この種の自然の変化を受感していることを詠む歌は『万葉集』以前、『古事記』『日本書紀』などに載せられた古い歌謡にはみられないからでもある。この種の歌の最初は、『万葉集』の持統《じとう》天皇の、

春過ぎて夏来たるらし白栲《しろたへ》の衣干したり天の香具《かぐ》山　（巻一・二八）

で、これも藤原京の歌と考えられる。つまり、自然の変化を感じることを詠む歌は都市において始まった。村落社会では、季節の変化は生産や人事に意味化されてうたわれた。つまり、いわゆる自然は何かの象徴や、神々の意志のあらわれとして表現されていた。季節の変化そのものを詠む歌は都市において成立したのである。

この種の歌のなかに、

春日野に煙立つ見ゆ少女らし春野のうはぎ摘みて煮らしも　（巻一〇・一八七九）

春の野に心展《の》べむと思ふどち来し今日の日は暮れずもあらぬか（巻一〇・一八八二）

のようなものもある。これらは、季節の変化を享受しに野に出たことをあらわす歌である。その意味では、村落の野遊びと通じている。しかし、二首目に「思ふどち」とあるように、思い合う者同士、気心の知れた者で出かけるので、共同体全員、あるいは若者組などの年齢的な組織で出かける村落的な野遊びとは異なる。それに、同じく二首目でいえば、「心展べむと」、つまり心をのびのびとさせよう、解放させようと出かけるわけで、心の問題だけが取り出されており、豊饒《ほうじょう》の予祝《よしゅく》や生命力の更新（健康の祈願）などの意味ももつ村落的な行事と異なっている。気心の知れた者同士が心をのびのびさせに行くという像は、われわれの社会の郊外へのハイキングと通じている。まさに、都市的な行事である。

春日山に霞がたなびいていることで春の訪れを感じ、春日野に野遊びに出る、これが平城京における生活の一こまだった。春の歌だけ引いたが、もちろん秋にもこの種の歌があり、春日山に時雨《しぐれ》の降るのを見、黄葉《もみじ》狩りに行くなどしたことが知られる。

このように、季節の変化を受感することを詠む歌には、春日野の歌が多い。春日は平城京という都市の郊外であったとすれば、平城京の人々にとって郊外と呼べる場所は春日だけだったといえる。郊外は都市を囲む空間すべてのほうが自然だろう。実際、平安京では都市を囲む四方が郊外としての性格を示している。その意味で、平城京の郊外は理念的といえるように思える。理念的とは、郊外の役割を春日に象徴させているということだ。

外国使節を送迎する場所

『万葉集』に、

春日に神を祭りし日、藤原太后《おほきさき》の作りませる歌一首。即《すなは》ち入唐《にふたう》大使藤原朝臣《あそん》清河《きよかは》に賜へり。

大船《おほふね》に真梶《まかぢ》繁貫《しじぬ》きこの吾子《あこ》を唐国《からくに》に遣《や》る斎《いは》へ神たち　（巻一九・四二四〇）

大使藤原朝臣清河の歌一首

春日野に斎《いつ》く三諸《みもろ》の梅の花栄えてあり待て還《かへ》り来るまで　（巻一九・四二四一）

という歌がある。春日野で遣唐使を送る祭があった。この派遣は天平勝宝四年（七五二）のことである。藤原太后、つまり藤原光明子《こうみようし》が藤原清河の無事を祈願した。普通、これは、春日大社は藤原氏の氏神であるから、藤原氏一族の祭とされている。ところが、奈良時代の遣唐使派遣の際に祭祀を行った例は、

養老元年（七一七）二月一日　遣唐使、神祇《じんぎ》を蓋山《みかさのやま》の南に祀る。

宝亀八年（七七七）二月六日　遣唐使、天神地祇《ちぎ》を春日山の下に拝す。

と二例あるが（『続日本紀』）、「蓋山」は春日の三笠山のことで、二例ともに春日山の麓、春日野である。そして、養老元年の遣唐使の最高位は多治比県守《たじひのあがたもり》、宝亀八年は佐伯今毛人《さえきのいまえみし》で、ともに藤原氏ではない。したがって、天平勝宝八年の例も藤原氏の関係で春日で祭祀があったのではない。春日野で天神地祇、つまり日本国中の神を集め遣唐使の成功と無事の帰還を祈願したのである。では、なぜ春日なのか。

平安時代に下るが、一〇世紀初頭の『延喜式』巻三「臨時祭」に「蕃国使《ばんこくし》を遣はす時の祭」という項があり、「惣《すべ》て天神地祇を郊野に祭る」と記されている。遣唐使とないのが残念だが、遣唐使もこれに近いと考えていいだろう。外国に使節を送るのに、天神地祇、つまり日本国中の神々に無事と成功を祈る以上のことは考えられないからだ。外国に使節を送るとき「郊野」で日本国中の神々に祈願した。平安期で知られる例は承和三年（八三六）二月一日の例で、「遣唐使の為に天神地祇を北野に祠る」とある（『続日本後紀』）。北野は平安京の北の野で、「郊野」は郊外の野をさすことは明らかである。この『延喜式』の記載の「郊野」を「蓋山の南」「春日山の下」と置き換えれば先の遣唐使の記載と一致する。したがって、春日は「郊野」であるゆえに、遣唐使の無事と成功を祈願する祭祀を行った。そして、この祭祀は氏族のものというような私的なものではなく、国家的な祭祀だったのである。遣唐使は国家使節だから当然だろう。

『延喜式』「臨時祭」には「蕃客を堺に送る神祭」という項もあり、外国の使節が来朝した際には、畿内の堺に迎え、送ってきた神を返し、使節が京城に着いたとき、祓《はら》えをした後入京させるように定めている。「送る」とありながら迎える手続きが記されている疑問があるが、畿外と畿内、京城と畿内との区別が明確にあったことが知られる史料である。

以上のようにして、平城京は春日野という郊外をもっていたことが確認できる。もちろん、このことは、日本の古代都市が城壁をもたないという最初に述べた問題と繋がっている。郊外をもっているから城壁が不用だった。では、季節の変化を受感する場所と外国使節を送り出す祭祀が行われる場所が郊外だとは、どのようなことを意味しているのだろうか。

郊外の意味

季節の変化を受感するために郊外に出るとはいわゆる自然と触れあうためだが、歌から考えられる問題は、先に引用した例からいえば、まず春日山に季節の到来を感じ、それから春日野に野遊びに出ていることである。春の到来を詠む歌は、昨日まで冬だったのに今日から春だという詠みぶりである。それまでは野に出ていない。ならば、春はまず山に来て、次に野に来るということになる。これはおかしい。高い山のほうが春の訪れは遅いはずである。したがって、この捉え方はきわめて文化的なものだといえる。このような捉え方は、春が山の向こう、つまり見えない世界、異郷からしだいにやって来ると考えていることを示している。春はたんなる時間をあらわす言葉ではない。春そのものが移動して来るのだ。異郷のものを神といえば、春の神が山を越え野に来るのだ。もちろん、それから人の住む世界に来る。ここから考えられる構図は、異郷―山―野―都市というものになる。山は、人が目に見える最大の範囲であり、そのすぐ向こうが異郷だから、境界の先端だ。そして、人はほとんど山には行かない。ふだん人が暮らすのは都市だから、野も境界になる。したがって、人の世と異郷という二つを考えれば、異郷―野―都市（人の世）という構図になる。たぶん、これが基本形だ。ここから言い直せば、山に霞がたなびくことで、春の訪れをはじめて知り、野に出て春とはじめて接触する。そのはじめての接触が野遊びということになる。

海外へ使節を送る際に野で祭祀をするのも、同じように考えられる。外国を異郷とすれば、異郷との境界である野から出発するということ、そして日本全国の神々と接触する場所が人の世と異郷との境界である野ということ、の二つが考えられる。このとき、異郷は二重にも三重にもなっている。山の向こうにも日本国内があり、さらにその向こうに外国がある。また神々の世がある。神々の世との境界は村落社会にもあるが、国内や外国という区別はない。いや、他の村という発想はあったとしたほうがいいだろうが、そこを自分たちが支配する地域と考えているわけではないから、異文化の人々と位置づけているはずで、むしろ神々に近いとみなしていい。このような郊外の構造は国家の成立、都市の成立によって生じたものである。日本の都市である都は天皇のいる特殊な空間であり、日本とは天皇の権威が及ぶ範囲だから、都が日本そのものであった。それゆえ、郊外の野は日本と外国との境界でもあったのである。

このようにして、郊外の野が外国、神々、自然などと接触する境界的な場所であることがいえる。要するに、都市は山に囲まれているが、その山と都市の間の野の空間が郊外で、それは都市と異郷との緩衝地帯になっているわけだ。ということは、人は野までは容易に出かけうるが、その外側には容易には行けないことになる。逆にいえば、外の側も野には容易に来るわけだ。境界的な空間ということは、このように、双方が対等に接触する場所でなければならない。日本の都市は、いわば外部と対等に接触する郊外という空間をもった。そこは、神々も異国の人々も訪れ、精霊も魔物も出没することのある、まさに境界的な場所であり、都市は郊外によって守られていたともいえる。

平安京の成立と郊外

平安京の立地

郊外が都市の周辺全体に及んで、文献に記されるようになるのは平安京からである。平安京は都市を中心に、東、北、西を山に囲まれ、その間に広い野をもっている。南は西の方から湿地帯が続き、彼方に山、東の方は野から山になる。また、東は賀茂《かも》川、西は桂《かつら》川が流れ、その川が南で合流して淀《よど》川となっている。平安京はこの都市を囲む空間と一体となって存在している。

風水にかなう地

延暦十三年（七九四）十月二十八日、桓武《かんむ》天皇は長岡京から平安京に遷都する。その時の詔《みことのり》に「葛野《かどの》の地は大宮の地なり。山川も麗しく、四方の国の百姓の参り出で来る事も便にして、云々」（『日本紀略』）と述べている。山川の美しさと交通の便のよさが大宮の地としてふさわしいというわけだ。さらに、十一月八日の詔では「この国は山河にして、自然に城を作す。この形勝によりて、新号を制すべし。宜《よろ》しく山背国を改めて山城国となすべし。また子来の民、謳歌の輩、異口同辞し、号して平安京といふ」（『日本紀略』）と述べ、山河が自然に城をなす形象の地ゆえ平安京と名づけたことが知られる。

この記事だけだと、風水に関係するかどうか不明だが、平城京の遷都の際の詔に「方《まさ》に今、平城の地、四禽図《しきんと》に叶ひ、三山鎮めを作《な》し、亀筮《くゐぜい》並に従ふ。宜しく都邑を建つべし」（『続日本紀』和銅元年〈七〇八〉二月十五日条）とあり、四禽すなわち東に青竜《せいりゆう》、南に朱雀《すざく》、西に白虎《びやつこ》、北に玄武《げんぶ》を立地条件にする発想は風水のものだから、平安京もその条件として風水を考えていたと思われる。この四禽にかなう具体的な様相は、安倍清明《せいめい》撰と伝えられる『簠簋《ほき》内伝』に「東に流水ありて青竜と曰ふ、南に沢畔ありて朱雀と曰ふ、西に大道ありて白虎と曰ふ、北に高山ありて玄武と曰ふ。右、この四物具足するを則ち四神相応地と謂ふ」とあり、これを平安京にあてはめると、東の賀茂川、西の双《ならび》の丘の北の交通路、南の巨椋《おぐら》池、北の船岡山があたるとされている。西に大道という点に関しては、平安期に入ってからのことだが、「花園や仁和《にんな》寺を含んだ、西京から嵯峨《さが》にいたる一帯は、早くから大堰川《おおい》（桂川）を利用した材木の集散地であって、丹波から運ばれた材木は大井津で引き上げられ、京中に売却された」（五島邦治「都城の祭祀」〈村井康彦編、京都の歴史と文化Ⅰ『雅 王朝の原像』講談社、一九九四年〉）というから、丹波との交通は平安遷都以前もあっただろう。この大堰川は桂川となって京の西を流れ、淀川に流れ込んでおり、南方にとっても交通を支えていた。足利健亮は、最近この白虎にあたる大道を木嶋街道ではないかと推定している（『景観から歴史を読む』日本放送出版協会　一九九七年）。

四禽（四神）が宮廷で意味をもっていたことは、『続日本紀』大宝元年（七〇一）正月一日、大極殿《だいごくでん》で朝儀を行った際、正門に烏形の幡《ばん》を建てたが、「左は日像・青竜・朱雀の幡、右は月像、玄武、白虎の幡なり」というような記載からもいえる。

このように、陰陽道の方位の思想が定着しており、平安京も風水にかなう地形を選んだと考えていいと思う。

山城という地　平安遷都の十一月八日の詔に「この国は山河にして、自然に城を作す」ので山背を改めて山城とするとあったが、平安京以前はだいたい大和にあったように、日本の都は山々に囲まれた場所に営まれている。ヤマトのトは、場所をあらわすとされるが、港（ミナト＝水＋ト）と同じ語構成で、水と接触する場所が港だから、山と接触する場所だと考えるほうがいい。さらにいえば、ヤマトタケルの国偲歌《くにしのびうた》（『古事記』『日本書紀』に記された歌謡）に「大和は　国のまほろば　たたなづく　青垣こもれる大和しうるはし」と、重なり合う山々に囲まれて、青垣のなかに籠る、つまり斎場のようだということで大和を讃めており、山々の霊威に守られている場所をヤマトといっているといえる。ヤマシロのシロも、依《よ》り代《しろ》、つまり神を憑依《ひょうい》させるものを意味するシロで、山々の霊威が依《よ》り憑《つ》く場所をヤマシロといったと考えられるから、ヤマトと同じような場所をさす。

山城に都が置かれたのは、風水思想によるばかりではなく、古くからの山々の霊威に守られた地を最高とする思想があったからと思われる。日本の都市は、風水思想を、山々の霊威に守られる地という独自の思想に重ねることによって営まれた。

山々に囲まれ、都が営まれる。ならば、山々と都との間の空間も意識しないはずはない。それは野と呼ばれていた。「平城京の郊外」で述べたように、春日山と都市の間の空間は春日野《かすがの》と呼ばれ、都の人々は季節の変化を受感しに行った。いわば、山の向こうから訪れる季節の変化、神々を人々は野で迎えたのである。この野という空間を意識した都市が日本の特徴となる。平安京も、同じ構造にあった。

桓武天皇の遊猟

遊猟の多さ

平安遷都直後、桓武《かんむ》天皇は盛んに遊猟に出ている。『類聚《るいじゅう》国史』巻三十二の「天皇遊猟」によって遷都以降の遊猟をあげれば、

延暦十三年（七九四）十月十三日、交野《かたの》。
十一月二日、北岡。九日、康楽《こうらく》岡。
十二月十七日、大原野。二十四日、山階野《やましなの》。

十四年（七九五）三月十六日、日野。二十七日、交野《かたの》。
八月五日、柏原野。十六日、大原野。（十八日、北野。『日本紀略』）。二十二日、柏原野。二十八日、日野。

九月二十二日、登勒野《とろくの》。
十月一日、紫野。二十八日、栗栖野《くるすの》。
十一月二十五日、大原野。

となる。『日本紀略』によるものを加えて、新京に遷都した十月五日以降、翌年までで一六回に及ぶ。以降、延暦十五年（七九六）＝一三回（新しい場所としては芹川野《せりかわの》、水生野《みずおの》）、十六年（七九七）＝一五回（同、的野《まどの》、陶野《すえの》）、十七年（七九八）＝一一回、十八年（七九九）＝七回（同、西野）となり、それ以降は七回以下となる。やはり遷都後の五年が多い。

桓武が特別なわけではない。次の平城《へいぜい》、嵯峨《さが》、淳和《じゅんな》、仁明《にんめい》天皇についてもみておこう。

平城天皇　大同三年（八〇八）　一回（北野。即位は大同元年）
嵯峨天皇　弘仁元年（八一〇）　一回
二年（八一一）　七回
三年（八一二）　六回
四年（八一三）　七回
五年（八一四）一〇回
（六年から十四年まで毎年あるが、八年の七回、十三年の八回が目立つ）

淳和天皇　天長三年（八二六）　三回（即位後四年目）
五年（八二八）　一回
（六年から九年まで一回から三回）
仁明天皇　天長十年（八三三）　二回（即位の年）
承和元年（八三四）　二回
二年（八三五）　四回
（以下、断続的に一、二回）

というぐあいである。したがって、桓武は異常に多く、嵯峨も多いが、淳和から少なくなっていることがわかる。桓武以前はこれほど遊猟が多いことはなく、桓武についても、十一年から多くなる。十一、二年ともに一三回、遷都の年十三年は一年で一三回である。

郊祀

この桓武の遊猟を、広川勝美は中国の皇帝の儀礼郊祀《こうし》と結びつけて考えている（「源氏物語の郊野と苑池」〈『古代都市文学論』翰林書房、一九九四年〉）。郊祀が行われた確かな例は『続日本紀』の延暦四年（七八五）十一月と延暦六年（七八七）十一月、そして文徳《もんとく》天皇の斉衡《さいこう》三年（八五六）十一月の三例で、いずれも河内の交野で行われている。延暦の二回はともに桓武天皇の長岡京の時代のことである。延暦六年の場合には祭文《さいもん》が残されているが、それによれば、冬至の日に生贄《いけにえ》を捧げて天を祭る儀礼を行うこと、玉や絹、生贄《いけにえ》の肉、穀物などを昊天《こうてん》上帝（天帝）に供えること、高紹天皇（光仁天皇）を昊天上帝に並べて祀ることを述べている。交野は長岡京の南にあり、天子が冬至に都の南郊で生贄を捧げて天帝を祀るわけで、これは中国の郊祀とまったく同じである。桓武は中国の郊祀にならって、天子としての儀礼を行ったことになる。桓武は天皇の権威と位置を中国の皇帝と同列にすることで保証しようとしたといえよう。

もう一例、『日本書紀』神武天皇四年二月に、神武が「わが皇祖の霊、天より降り鑒《み》て、朕が躬《み》を光《てら》して助けたまへり。今諸《もろもろ》の虜已《すで》に平《む》けて、海内《あめのした》に事無し。以《も》て天神を郊祀《かうし》して、用《も》て大孝を申《の》べたまふべし」と述べている例がある。この例は、「郊祀」という語があるが、二月であり、郊祀とはいえない。しかし、天の神を祀るのに郊外の野で行ったとされている。郊外が天の神を祀る場所であったことが、初代天皇、つまり大和王権の始まりの時代に位置づけられている。天皇と郊外は切り離せない関係にあったのである。

もちろん、中国と違って、日本の初期の都は都市をなしていない。天皇の宮殿のあるところが都であり、代替わりするごとに都は遷っている。代替わりごとの遷都は都市を形成することはない。ということは、郊外が成立することはない。したがって、神武の例はきわめて理念的なものというべきだろう。もちろん、中国の理念に基づいている。しかし、この理念は、二月に行われているように、中国のそれそのものではない。『古事記』では、神武が正妃イスケヨリ姫（タタラ五十鈴《いすず》姫）に出会うのは高佐士野《たかさじの》になっている。これは、民間の歌垣《うたがき》などと繋がる野遊びにおける男女の出会いと同じパターンだ。

宮城の外での祭祀の例は、天智九年（六七〇）三月九日の「山御井《やまのみい》の傍《ほとり》に諸神の座を敷きて幣帛《みてぐら》を班《あか》つ。中臣金連《なかとみのかねのむらじ》、祝詞《のりと》を宣《の》る」、天武七年（六七八）春の「天神地祇《ちぎ》を祠らむとして、天下悉《ことごと》くに祓禊《おほみはらへ》す。斎宮《いつきのみや》を倉梯《くらはし》の河上に竪《た》つ」（『日本書紀』）が見出せる。「諸神」は天神地祇としていいから、ともに、宮城の外の水の辺で神々を祀っている。これは郊祀の天帝への祭祀とは異なるだろう。日本では、中国の理念に古来の野が重ねられて郊外の像を形成していったと思われる。しかし、都市の定着は平城京からだから、郊外の像はなく、野の像だけがあったといえる。その意味で、郊祀が桓武の長岡京に始まるのは象徴的な気がする。平城京は、難波《なにわ》京や恭仁《くに》京への遷都もあり、まだ安定した都市ではなかった。都の安定は長岡京を経て平安京をまたねばならない。その平安京への過程である長岡京において、中国風の郊祀が二度も行われ、平安京では確かな例は文徳《もんとく》の一例のみだということは、天子の都を確定していくために郊祀は必要だったが、平安京という安定した都市には中国風の郊祀を必要としなかったということだろう。日本の都市の郊外が中国のそれと異なる性格を明確にしだしたのだ。

桓武の遊猟

桓武天皇の遊猟は非常に多い。遷都後の場所を整理してみると次のようになる。

延暦十三年（七九四）交野（現在の大阪府枚方《ひらかた》市から交野市にまたがる地域）、北岡（不明）、康楽岡（不明）、大原野（現在の西京区大原野）、山階野（山科区）

十四年（七九五）日野二回（伏見区）、交野、柏原野二回（伏見区深草）、大原野二回（北野）、登勒野（桂川の近辺）、紫野《むらさきの》（北区大覚寺近辺の野）、栗栖野（左京区岩倉）

十五年（七九六）芹川野（伏見区鳥羽）、登勒野三回、水生野（嵯峨の時、山崎に御しているから、その近辺）、日野二回、大原野、栗前野《くりさきの》（宇治市大久保）、紫野、北野、栗栖野

十六年（七九七）水生野、大原野三回、北野六回、登勒野、的野（不明）、日野、栗栖野、陶野（双《ならび》の丘の近辺の野）

不明な場所が何ヵ所かあるが、他が京の周辺であることから、それらもそう考えていいと思われる。これらの遊猟地は京の北、西、南東、南西とだいたい周囲全体に及ぶ。したがって、桓武は遷都後、京の周囲の野に遊猟に行っていることになる。そして、そこにこの回数の多さを重ねるなら、平安遷都直後、天皇の居住する都を確実なものにする行為として遊猟があったと想定していいと思われる。

これは郊祀の範囲をはるかに超えている。とすれば、日本の王権にとっての野の意味を考えねばなるまい。先に、日本の都は山々に囲まれ、都市とその山々の間の野という空間で神々と接触したと述べた。この野の遊猟も、天皇が積極的に神々との接触を図ろうとしたといえる。桓武は、新しく都と定めた地の周辺の野に出て、土地の神々と接触し、徳を示す必要があったのである。もちろん、神々と接触することは自己の霊威を強化することになるだろう。徳とはそれを儒教的に表現したものとみていい。また、神々とは、その土地に限定されず、そこに訪れてくる神々も考えたほうがいいと思う。天神地祇と接触する場所が郊外でもあるのだ。この神々と接触する場所としての野は、平安京の寺社が基本的に市街ではなく、郊外に建てられたことと一致する。

延暦十七年（七九八）八月の北野遊猟の際には、伊予親王の山荘に寄った。そこで日が暮れ、桓武は、

今朝のあさけ　鳴くてふ鹿の　その声を　聞かずは行かじ　夜はふけぬとも

とうたったところ、鹿が鳴いた。みんな喜び、夜更けに帰京したという。このエピソードは、遊猟が風流なものであることを語っているようにみえる。しかし、夕暮れなのに「今朝のあさけ」とうたい出すのはおかしい。さらに、「今朝のあさけ」という言い方は『万葉集』に独特の語、つまり古語であり、平安期にはほとんど用例はみられない。しかも、その用例はほとんど鳥の声を聞くものであり、鹿の例はない。歌自体も、今朝の朝に鳴くという鹿の声を聞かないでは行くまい、夜が更《ふ》けたとしてもの意で、意味が不明瞭である。

遊猟と歌

要するに、妙な歌だ。問題は鹿の声にあるように思える。鹿の声は夕方に聞くもので、朝に聞くものではない。朝に鹿の鳴くのを聞くとは特殊な意味があるのではないか。猟に出るのは朝である。「今朝のあさけ鳴くてふ鹿」は、猟を迎える鹿という像があるように思える。「今朝のあさけ」に鳴くのは鳥だと述べたが、たとえば「今朝の朝明《あさけ》雁が音聞きつ春日山黄葉《もみぢ》にけらしわが心痛し」（『万葉集』巻八・一五一三）では、雁が黄葉を告げる。雁が時節の変化を告げるのである。時節の変化を司るのは神々だから、いわば雁が神の使

者の役割を担っている。とすれば、鹿の声を朝聞くのも、神々が天皇を迎えるということを意味しているのかもしれない。

問題の歌には「鳴くてふ」とあり、その声を天皇は聞いていないわけで、神々が自分を歓迎していないかもしれない、聞かなければ神々がどう思ったかわからない。そこで、天皇は神々の意志を知りたくて、こううたったのではないか。それゆえ、歌に応じるように鹿の声を聞いて、天皇は非常に喜び（原文に「上欣然」とある）、夜を冒《おか》して帰京した（原文「冒夜乃帰」）のではないか。

したがって、この歌は即興的にうたったのではないし、風流なものでもない。さらに、前代にないような歌で、伝統からも外れている。このような歌が奈良時代の歌と平安の歌の間にある。万葉集の歌の秩序が崩れているわけだ。

園神・韓神

園神

宮中の宮内省には園神《そのかみ》、韓神《からかみ》二座の三座の神を祀っている。宮内省は食糧品など、宮廷生活に関することを司る役所である。下部組織に園池司《そのいけのつかさ》があり、園、池、野菜や果樹の栽培管理を担当している。「郊外の空間」でふれる菜園の管理はこの園池司が行っている。この司の最下位は園戸《そのへ》で、実際の耕作や庭園の造作を行った。園神という名称はこのような園と関係するに違いない。庭園、菜園、果樹園などの神ということになろう。それにしても、園神という言い方は、山の神、水の神というような普通名詞的なもので、大山ツミ（山の神）、水ハノメ（水の神）のような固有名詞性をもたない。ということは、古い神ではない可能性が高い。平安京が営まれて以降の新しい神ではないかと思われる。宮内省以外に祀られていないのも、その可能性を思わせる。たぶん、菜園や庭園が宮廷生活に欠かせない位置をしめるようになって、このような神が宮内省に祀られるようになったのではないか。要するに、京にとって郊外が確実に意味をもつようになって以降の神だと思われる。

韓神

園・韓神は常に一対《つい》で登場する。『延喜式』巻一の「四時祭」、つまり年中行事の祭祀にも「園並韓神三座祭」とされ、式次第は『儀式』などで知られる。二月の春日祭の後の丑の日に、南の園神、北の韓神の順でまったく同じことが行われる。その式次第は他の祭祀とそれほど違いがあるわけではなく、園・韓神の性格をうかがうことはできない。

『江家次第《ごうけしだい》』には「園韓神祭」の題に頭書がある。

園韓神口伝に云はく、件《くだん》の神、延暦以前ここに坐す。遷都の時、造宮使、他所に遷し奉らむと欲するに、神、託宣して云はく、猶《なほ》、ここに座し、帝王を護り奉らむ、云々。すなはち、宮内省に鎮座す。

これとほとんど同じ文が『古事談』第五（三五四話）にもみられる。この口伝によれば、園・韓神は平安京以前からこの地に鎮座していたことになり、このあたりが渡来人である秦氏《はた》の地であったことから、韓神は秦氏が祀った異国の神だとされている。しかし、秦氏が祀る神ならこのような異国をあらわす語そのものの名ではないだろう。韓神という名は、むしろ在来の人々が呼ぶ言い方と思われる。

カラカミは韓神ばかりではない。漢神という神もある。こちらは、『日本霊異記《りょうい》』中巻五話に、聖武《しょうむ》天皇の時代、摂津の国の裕福な家の長が漢神の祟《たた》りのため、毎年一頭の牛を殺して七年間祀ったが、かえって重い病をえ、仏教によって救われる話がある。漢神を祀るには牛を殺して捧げたことがわかる。これは、『続日本紀』延暦十年（七九一）九月十七日条の「伊勢、尾張、近江、美濃、若狭、越前、紀伊等の国の百姓、牛を殺し用ひて漢神を祭るを断ず」という記事によっても知られる。この二例とも、漢神を祀ることをよくないこととしている。『続日本紀』の記事は、何のために祀ったか不明だが、平安初期の『古語拾遺』御歳神《みとしのかみ》の条に、神代に、大地主神が牛の肉を農夫に食べさせたところ、御歳神が怒って田を枯らした。託宣をえて、牛の肉を溝の口に供えるようになったという神話があり、牛の肉が農耕の呪術として用いられたことがあったようで、これも豊饒祈願の農耕祭祀と考えられている。ただし、他に史料はなく、確かにはわからない。それに、『古語拾遺』では古くからの習俗とするが、『続日本紀』では漢神だから渡来の信仰になる。

漢神を『日本霊異記』では祟り神としている。『大倭《おおやまと》神社註進状』(『群書解題』の西田長男による解題では、江戸時代の偽書とする)には、園神は大物主神、韓神はオホナムチ神、スクナヒコナ神の二神(宮内省に祀る神は韓神二座だった)で、疫病から守る神という旧記や伝聞を記している。大物主神は疫病を流行らせる神(『古事記』景行天皇条)でもあり、それゆえ病を治す神でもあった(医学書の『大同類聚抄』など)。

この『大倭神社註進状』の説は、スサノヲの子孫の神々、つまり古来の神々でありながら韓神と呼ばれることを、葦原中国《あしはらのなかつくに》を造った後、東海に行き民を救い、ふたたび帰来したので韓神と号したというこじつけめいた説明をしている。古語で韓は外国を意味したという。東国が韓と呼ばれた例はないから、この説は疑わしい。やはり、外国から来た神という基本は動かしがたい。

疫病と外国の神との結びつきは、長和四年(一〇一五)疫病が大流行したとき、西京の名もわからぬ人の夢に託宣があり、自分は「唐朝の神」で住むところがなく、この国に流れてきた、住む所を作れば疫病は鎮まると告げたので、西の郊外の花園に社を作り祀ったという例がある(平安中期の日記の『春記』)。「唐」もカラで、外国がカラと呼ばれた。この例は、疫病の大流行をもたらした威力のある疫神をカラから来たと幻想したことを示している。大流行は体験がない、対処のしようがないということから、これまで日本になかったということで、外国に像を結ぶのはわかりやすい。漢神も霊威の強い神として怖れられたと考えたほうがいいように思える。

このように考えてくると、韓神は漢神と同じか、通じる神で、その霊威の強さが怖れられた神ということになりそうだ。

長和四年の疫病の大流行によって作られた社は「今宮」と呼ばれ、京の西の郊外の花園にあった。遣唐使を送迎する祭がそうであるように、外国の神を迎える場所は郊外だったのである。園神も郊外、韓神も郊外と結びつく。

神楽の韓神

宮中で行われる神楽《かぐら》の採物《とりもの》（榊《さかき》や杖などを取って神を招き下ろす舞）に「韓神」がある。

本

三島木綿《みしまゆふ》　肩に取りかけ　われ韓神の　韓招《を》ぎせむや　韓招ぎせむや

末

八葉盤《やひらで》を　手に取り持ちて　われ韓神の　韓招ぎせむや　韓招ぎせむや

がその歌詞である。三島木綿、八葉盤で韓神を招き寄せている。他の神楽歌から招き下される神を導くと、山から来る神と豊岡姫になる。豊岡姫は岡、つまり山の外れ、野に最も近い場所の神である。これも郊外の神だ。したがって、神楽は山や外国、ともに異郷、そして郊外と、神々がやってきて人と接触するさまを歌い、舞っていることになる。

神楽のこのような神々の迎え方は、天神地祇《ちぎ》というような抽象的なものよりずっとわかりやすい。神々がどこから訪れるかが具体的に像をもたらす。天皇は天神地祇を祀ることによってこの世を治めたが、その神々が単純化すればこのようなものになるわけだ。

この豊岡姫を園神と置き換えてみれば、韓神と園神という宮内省に祀られる神になるではないか。宮内省の神、宮廷神楽で招かれる神、その二つに韓神と郊外の神がある。これは、王権にとって、これらの神が重要な意味をもつからに他なるまい。異郷から訪れる神々は必ず郊外を通ってやってくる。したがって、郊外を治めることが王権を保持することだった。王権は郊外を作り出し、神々が通り、また神々と接触する空間を限定し、そこを治めることで自己の権威を保証したのである。桓武《かんむ》の遷都後の執拗な遊猟も、そういう郊外の位置づけとかかわるに違いない。

賀茂社

京を守る社

長岡京へ遷都してすぐ、延暦三年（七八四）十一月二十日、遷都をもって、賀茂《かも》上下社を従二位に、松尾と乙訓《おとくに》の二社を従五位下に叙している（『続日本紀』）。その前、六月十三日には、賀茂大神社に奉幣して、遷都の由を告げている。ということは、賀茂社が山城国の最重要な神社だったことを示している。四神の青竜にあたり、京の東を流れる賀茂川と高野川の合流の地にある下社、源流近くにある上社は、いわば、京の鎮め、守りの神だったのである。京の郊外には寺社が多く建てられたが、成立以来、そういう役割を担わされた賀茂社を取り上げておく。賀茂川が四神のうちの青竜にあたることも、賀茂社の信仰と関係するかもしれない。

賀茂社の起源は古く、『釈日本紀』に引用された『山城国風土記』逸文によれば、賀茂タケツノミ命が神武天皇の先鋒として、葛城山に来臨し、そこから葛野川と賀茂川の合流地に行き、さらに上社のある地に移ったという。タケツノミは丹波国神野のイカコヤ姫との間に玉依日売《たまよりひめ》（日女＝姫）、玉依日子《たまよりひこ》（彦）の二子をもうけた。玉依日売が賀茂川で水浴びしていると、丹塗矢《にぬりや》（実は火雷神）が流れてきた。その矢を床の辺に置いたところ、みごもり、賀茂別雷《わけいかずち》を生んだ。賀茂別雷が成人したとき、祖父のタケツノミが神々を集めて、父と思う神に酒を飲ませよといったところ、賀茂別雷は天に昇ったという。一四世紀成立の『年中行事秘抄』によれば、賀茂別雷が天に昇るとき、親がふたたび会えることを願うと、御阿礼木《みあれぎ》（神が降臨する木）を立て、阿礼女《あれめ》に迎えさせるように告げたという。葵《あおい》祭の御阿礼の神事の起源である。

この神話は高天《たかま》の原から降臨した神が土地の女と結婚し、その娘が天の神と結婚して子をもうけるというように、賀茂氏が自分たちの始祖も天の神であることを語りながら、さらに天から神を迎えるというもので、それを御阿礼の神事として行っている。基本は、土地の女が天の神を迎えて結婚するということである。このような神話は土地の始祖神話で、賀茂社は山城の土地の神としていいように思う。二重に天の神と関係するのは、賀茂氏自体を天皇家と同じ高天の原系として位置づけるためで、古くからこの社が格の高いものであることを示している。だから、山城の守神的な存在となりえた。

荒ぶる神

賀茂社の祭、葵祭に馬に乗ることの起源は、『山城国風土記』逸文（『本朝月令』に引かれたもの）に、欽明《きんめい》天皇の代、賀茂の神の祟《たた》りで暴風雨があった。それで、四月吉日を選んで、猪の頭を被った人が鈴をつけた馬に乗って疾駆し、神を祀ったことから始まったという。祟り神を鎮める祭として始まったわけだ。

賀茂別雷が屋根を壊して天に昇ったのとも関係し、賀茂の神は荒ぶる神として信仰されていたようだ。『続日本紀』文武天皇二年（六九八）三月二十一日条に、「山背国の賀茂の祭の日に、衆を会《あつ》めて騎射することを禁《いさ》む」と、徒党を組んでの騎射を禁止している。ただ騎射するだけなら禁止の対象にはなるまい。集団を組んで暴れ回ったのだ。しかし、大宝二年（七〇二）四月三日には、「賀茂神を祭る日に、徒衆会集《つど》ひて仗《ほこ》を執り、騎射することを禁む。唯《ただ》し、当国の人は禁めの限りにあらず」（『続日本紀』）と、山城国の人々には禁止が解かれている。ということは、この祭自体が暴れ回ることを本質としたといえよう。もちろん、神を喜ばせるために荒れる。荒ぶる神を慰め、鎮める祭のあり方だ。したがって、禁止するわけにはいかなかったのだ。そこで、和銅四年（七一一）四月二十日には、「賀茂の神祭の日、今より以後、国司毎年親《みづ》から臨みて検察せよ」という詔《みことのり》が出されている（『続日本紀』）。監視、監督しようとしたのである。

また、大宝二年の記事からは、他国の者も集まってきて暴れ回っていたことがわかる。それは一国の祭を超えていたことになる。それだけの信仰を賀茂社がえていたといえよう。それは、祟り神を鎮める役割が求められたからだろうか。とにかく、賀茂社が山城全体、さらには一国を超える信仰の対象であったことが、平安京の鎮護の役割を求められることになったのだろう。

この荒ぶる性格は、賀茂川と関係するに違いない。賀茂川はしばしば氾濫し、京に被害をもたらした。長徳二年（九九六）閏七月十日には、「鴨川京中に流入し、人屋多く損亡す」（『日本紀略』）ということもあった。すでに平安初期の弘仁年間（八一〇～二四）には防鴨河使《ぼうかし》が任命されたらしい（『国史大辞典』）。堤が築かれ、管理された。藤原道長も鴨川堤を巡検している（『小右記』寛仁四年九月四日）。

打臥の巫女

荒ぶる神ということは、託宣を下す神ということでもある。寛平元年（八八九）十月二十四日に、鴨明神が人に憑いて、他の神は年に二度の祭があるのに、自分は一回しかなくとても寂しいから、秋にも幣帛《へいはく》が欲しいと託宣を下したことがあった（『大鏡』裏書所収『寛平御記』）。

このような賀茂神の力は、神を奉じる巫者の呪力にも関係するかもしれない。鎌倉時代の史料になるが、『二中歴』第十三「能歴」の「巫覡《ふげき》」の項に「打臥《うちふし》（賀茂なり）」という名があげられている。臥して託宣したのでこの名がついた。この巫女は藤原兼家《かねいえ》に気に入られ、自らの膝を枕にさせて予言をさせたという（『大鏡』）。もちろん、気に入られるのはよくあたるからである。過去のこと、現在はいう通りだし、予言は的中するしで、兼家は信用したという。この打臥の巫女には賀茂の若宮が憑《つ》いて、託宣した。

打臥の巫女は『枕草子』（三巻本）一五五段にも登場する。

弘徽殿《こきでん》とは、閑院（藤原公季）の左大将の女御をぞきこゆる。その御方に、打臥といふ者の女、左京といひて、さぶらひけるを、「源中将、語らひてなむ」と、人々笑ふ。宮の、職《しき》におはしまいしに、参りて、「時々は宿直《とのゐ》などもつかうまつるべけれど、さべきさまに、女房などももてなしたまはねば、いと宮仕へもおろかにさぶらふこと。宿直所をだに賜はりたれば、いみじうまめにさぶらひなむ」といひゐたれば、人々、「げに」などいらふるに、「まことに、人はうち臥してやすむところあるこそよけれ。さるあたりには、しげう参りたまふなるものを」と、さしいらへたりとて、……。

と、打臥の巫女の娘の話である。弘徽殿の女御に仕えている。宮中に仕えるのは貴族出身である。したがって、父親は貴族、つまり打臥の巫女は貴族の子をもうけたことになる。『大鏡』に兼家の膝を枕にして予言をしたとあったが、これはエロティックな像を浮かべさせるわけで、この『枕草子』の話は、実際、性的な関係をもつことがあったことの証拠となるだろう。祈禱僧が貴族の女と通じる話がよくあるが、宗教的な境地は性的なものと容易に結びつく。打臥の巫女は、その関連を売り物にしていたのかもしれない。この左京が『大鏡』に登場する打臥の巫女の娘であることは、『枕草子』の話が兼家の子の道隆《みちたか》、道長の時代であることからも確かである。

『枕草子』の話は、打臥の巫女の娘左京に通っていると噂のある源中将（源雅通）が訪ねてきて、ごぶさたしているのはこちらに泊まる場所をもらえない、つまり女房たちが自分を受け入れてくれないからだ、と冗談をいうのを、確かに「打ち臥して」休むところがあればねと、打臥の巫女の名をにおわせてからかったものである。

『紫式部日記』にも、打臥の巫女の娘左京が登場する。こちらは打臥の巫女の娘と記していないが、やはり源雅通が関係しているとあり、同一人物とみていい。こちらの話は派手な今風の左京の服装をからかう話である。『枕草子』といい、『紫式部日記』といい、身元のよくわからない打臥の巫女を母とする左京はいじめの対象になっているが、そういう女も宮中に入ってくる場合のありうることが知られる例でもある。

賀茂社の周辺にはこのような得体の知れない宗教者も集まっていた。これは、先に引いた史料から、八世紀初頭にすでに、神社の祭には地域だけでなく、他の国からも人々が集まってきていたといえることと関係しているかもしれない。ただし、『今昔《こんじゃく》物語』巻三十の二十六話に『大鏡』と同話があるが、「昔より賀茂の巫と云ふ事は聞かぬに、此は賀茂の若宮のつかせ給ふとぞ云ひける」とあり、賀茂には民間巫女はいず、珍しいことだったかもしれない。

賀茂社は貴族たちの信仰を深く集めていたから、このようなこともあったわけだ。とにかく、賀茂社は荒ぶる神ゆえ霊力が強く、京を守護する神として郊外のその位置からも重要視された。

郊外の空間

郊外をさす言葉

郊外が都市の周辺全体に及んで意味をもつようになるのは平安京からである。その平安京において、郊外はどのように役割をはたしているのかをみたい。その前に、郊外を直接さす言葉にどのようなものがあったかをあげておく。

都ほとり　『大鏡』は序によれば、雨林院の菩提講に参会した人が一九〇歳の大宅世次《おおやけのよつぎ》、一八〇弱の夏山重木《しげき》という老人に出会い、その二人から昔語りを聞くという設定の歴史物語だが、大宅世次が、自分が貞観十八年（八七六）生まれであることの証拠として、

父が生学生《なまがくしやう》に使はれ奉《たいまつ》りて、「下臈《げらふ》なれども、都ほとり」といふこと侍れば、目

を見たまひて、産衣《うぶぎぬ》に書き置きて侍りける、いまだ侍り。丙申《ひのえさる》の年に侍り。

と、父が丙申（貞観十八年）と書いた産着が残っていることを述べる場面がある。学生とは大学寮の研究員のことで、生がつくから、あまりできのよくない学生だろう。世次の父はその生学生に仕えていたゆえ、字をおぼえ書くことができたという。その比喩に「下臈なれども、都ほとり」、つまり身分が低い者でも都のほとりに住めば都風になるという意の諺《ことわざ》を出している。諺を比喩として出すということは当時の人々に知られているはずで、都近くにすむ者を特殊化しているといっていいだろう。いうならば、都そのものではないが、それに近い文化があるということである。郊外文化である。したがって、「都ほとり」は都の側、郊外といっていい。残念ながら、「都ほとり」という語はこの一例しかみあたらない。といって、諺に出てくる語だから、定着しているはずだと思う。

生田舎　もう一例、郊外を示すといっていい語が『平中物語』六段にある。

また、この男、逍遥しにとて、生田舎《なま》へいにけるに、はるかに鶯《うぐひす》の鳴きければ、「いづかたぞ」など、供なる人に、

鶯の声のはつかに聞ゆるはいづれの山になく山彦ぞ

とぞ、口遊びにいひける。

という話で、京の男が「生田舎」に逍遥に出かけている。ナマは、先の例に「生学生」とあったが、生煮え、生半可などのナマで、中途半端な状態、未熟な状態を意味する。田舎そのものではなく、田舎っぽい所が生田舎である。京から出かけて生田舎だから、郊外といっていいだろう。田舎はもっと先にあるのである。田舎と都市の間の空間を意識していたことがわかる。

逍遥は心のままの遊び歩きのことで、散策といった感じがあたる。『平中物語』では他に難波《なにわ》に逍遥に行く（九段）例もある。『伊勢物語』の六七段に「昔、男、逍遥しに、思ふどちかいつらねて、和泉の国へ二月ばかりに行きけり」、一〇六段に「昔、男、親王たちの逍遥したまふ所にまうでて、竜田川のほとりにて」とあり、和泉、竜田まで行っている。これらはたぶん泊まりがけの逍遥で、われわれの散策より遠い。しかし、東下《あずまくだ》りでは逍遥といっていない。やはり近い範囲に限っていうといえる。逍遥する範囲を郊外と考えれば、大阪や奈良までがその範囲になるかもしれない。ただし、『平中物語』二五段では志賀に行き、琵琶湖に逍遥する例もあるから、逍遥する範囲で郊外を決めることには無理があるかもしれない。

郊外の範囲

どの範囲を郊外とするかはあまり厳密に考える必要はない。現代でも東京の郊外はどこまでかとは言い切れない。郊外らしく、曖昧でいいと考えている。ただし、現代では通勤圏が目安になるかもしれない。

貴族、王族が畿内に居住することを禁じた、寛平七年（八九五）十二月三日付の太政《だじょう》官符《かんふ》に、「但し、山城国内の、東は会坂関《あふさか》に至る、南は山崎、与渡《よど》、泉河等の北涯に至る、西は摂津、丹波の国堺に至る、北は大兄山《おほえやま》の南面に至る、制限にあらず」（『類聚三代格』）とあり、この範囲が京と一帯の空間とみなされたようで、郊外としていいと思われる。貴族、王族は基本的に宮廷に仕える者たちだから、京に住むものであった。その貴族、王族たちの居住する空間とは、宮廷にすぐ出仕できる範囲、つまり通勤圏である。ただし、貴族たちは毎日通勤するわけではなく、京にすぐ出られる範囲とでも考えておけばいい。

この太政官符は、貴族、王族の居住する範囲を決めたもので、その意味で貴族、王族をいわば都市民として位置づけた法令ともいえる。通勤圏とは、都市を中心にし、都市民も気軽に出て行けるし、郊外の者も都市へ気楽に出て行ける空間である。土地の文化をもちながら、都風の文化が強く影響している空間と言い換えてもいい。後に触れるように、平安京の貴族たちは気楽に郊外に出て、いわゆる自然や田舎の風物を享受した。そういうことのできる空間が郊外である。

逢坂関

この太政官符の定めている範囲のなかの東の会坂関は逢坂関《おうさかのせき》で、平安遷都直後の延暦十四年（七九五）八月に廃止された（『日本紀略』）ことから、それ以前からあったことが知られる。大化二年（六四六）正月に畿内を定める詔《みことのり》が出ている（『日本書紀』）が、東は名墾《なばり》（現在の三重県名張）、南は紀伊国兄山《せのやま》（和歌山県伊都郡かつらぎ町）、西は赤石（兵庫県明石）、北は近江の「ささ波の合坂山」以内としており、逢坂山は古くから境界の場所だった。『万葉集』には、相坂山という表記の場合が多いが、

大君の　命《みこと》畏《かしこ》み　見れど飽かぬ　奈良山越えて　真木積む　泉の川の　速き瀬を

竿さし渡り　ちはやぶる　宇治の渡の　たぎつ瀬を　見つつ渡りて　近江道の相坂《あふさか》山《やま》に　手向《たむけ》して　わが越え行けば　ささなみの　志賀の韓崎　……

（巻一三・三二四〇）

のように、「手向」つまり神に幣《ぬさ》を捧げ旅の安全を祈願する場所として詠まれている。境界として重要な場所だったということである。この歌ではつぎつぎに地名があげられていて、歌としてのおもしろさは感じられないが、それゆえ逆に、地名を詠むことが重要だったことがよくわかる。地名には、「真木積む　泉の川」「ちはやぶる　宇治の渡」のように枕詞が冠せられているものがあるが、「見れど飽かぬ　奈良山」も歌のなかで同じ構成をとっており、「見れど飽かぬ」も枕詞的な働きをしている。「見れど飽かぬ」は土地讃《ほ》めの定型句だから、枕詞は土地讃めの役割をはたしていることもよくわかる。したがって、詠まれている地名は平城京から近江へ行く場合の重要な場所、つまり境界で、それぞれの場所を過ぎる際には手向けをしそこの神に無事に通してくれるように祈願したと考えていい。

奈良時代の畿内の境である他の地名も『万葉集』の歌に詠まれている。その頻度はそこを通ることが多いかどうかと関係するはずだから、交通の頻繁に行われる場所が多く歌に詠まれていると考えられる。当時の主要道路が知られるわけだ。その意味で、逢坂と明石が多いことは、瀬戸内海の航行も含めた西への交通と、逢坂山を通り琵琶湖へ出て若狭に出るか東国へ行くかの交通が主要なものだったといえそうだ。明石だけが遠いのは、航行が多かったからだろう。淡路島との間を抜けることが畿外へ出ることだったようだ。

留火《ともしび》の明石大門《おほと》に入る日にか漕ぎ別れなむ家のあたり見ず　（巻三・二五四）
天離《あまざか》る夷《ひな》の長道《ながぢ》ゆ恋ひ来れば明石の門より大和島見ゆ　（巻三・二五五）

この『万葉集』の二首は柿本人麿《かきのもとのひとまろ》の「羇旅《きりょ》八首」の歌で、前の歌は西に向かう際のもの、後の歌は西から帰る際のものである。明石から大和の家が見えるわけがないのにわざわざ見えないと詠み、明石から畿内に入ったとたんに大和島が見えると詠んでいる。明石が大和から畿外へ出るときの最終的な境界であるゆえだ。明石より外は「夷」だった。その意味で、逢坂山より外も夷で、近江京は夷に造られた唯一の都だった。やはり人麿の「近江の荒都を過ぎし時」の歌（巻一・二九）に、「いかさまに　思ほしめせか　天離る　夷にはあれど　石《いは》走る　淡海《あふみ》の国の　楽浪《さざなみ》の　大津の宮に　天の下　知らしめしけむ」と詠まれている。

逢坂は、平安京以降も、重要な境界として認識されていた。東国に旅する人を最終的に送る場所であった。

逢坂にて人を別れける時によめる　難波万雄《なにはのよろづを》

逢坂の関しまさしきものならば飽かず別るる君をとどめよ

（『古今集』離別　巻八・三七四）

藤原惟岳《これをか》が武蔵介《すけ》にまかりける時に、

送りに逢坂を越ゆとてよみける　貫之

かつ越えて別れも行くか逢坂は人頼めなる名にこそありけれ

（『古今集』離別　巻八・三九〇）

のように、逢坂の関まで人を送っていくことがあった。逢坂が歌に多く詠まれるのには、交通の要所だということもあったが、もちろん「逢坂」の表記にあらわれているように、「逢ふ」がかけられ、文芸の言葉になりやすかったこともある。すでに『万葉集』でも「吾妹子《わぎもこ》に相坂山《あふさかやま》」（巻一〇・二二八三など）のような言い方がみられる。

逢坂山の他にも近江へ出る道があった。その一つに志賀越えがある。北白河から近江坂本へ至る道で、志賀寺（崇福寺）への参道でもあった。その道も交通が頻繁だったことを示すたのしい例が『大和物語』にある。

志賀の山越えの道に、いはえといふ所に、故兵部卿《ひやうぶきやう》の宮、家をいとをかしう作りたまうて、ときどきおはしましけり。いとしのびておはしまして、志賀に詣づる女どもを見たまふ時もあり。おほかた、いとおもしろう、家もいとをかしうなむありける。としこ、志賀に詣でけるついでに、この家に来て、めぐりつつ見て、あはれがりめでなどして、書きつけたりける。

かりにのみ来る君待つとふり出でつつ鳴くしが山は秋ぞ悲しき

となむ書きつけていにける。（一三七段）

故兵部卿の宮は陽成《ようぜい》天皇第一皇子の元良《もとよし》親王（八九〇〜九四三）のことで、「いみじき色好みにおはしましければ、世にある女の、よしと聞こゆるには、逢ふにも逢はぬにも、文やり歌詠みつつやりたまふ」（『元良親王集』）といわれるほどの風流人だった。この話でも、志賀寺へ参詣する女たちを覗き見している。交通が頻繁だから覗き見する。ぽつんぽつんでは退屈してしまう。女たちがたくさん行き来していた。女たちが安心して行ける道でもあったといえる。

話では、としこ（藤原千蔭《ちかげ》の妻で、宇多天皇に仕えた藤原褒子の女房だった）がその元良親王の別荘に寄って歌を書きつけたということである。現代でも、有名人の家がそうなるように、「名所」と呼ばれ、見て回ることがあったようだ。文学散歩みたいなものだろう。

歌を書きつけることもよくある。柱などに書く。

近江

四角四界祭と呼ばれる疫病などの侵入を防ぐ臨時の祭があった。四角は宮城の四角で、四界は和邇《わに》、会坂、大枝《おおえ》、山崎である（『朝野群載』所収の天暦六年〈九五二〉六月の官符）。和邇は滋賀県大津市だが、京から竜華を経て小野、和邇へ向かう竜華越えと呼ばれる道がある。途中敦賀へ向かう道に分かれる。和邇は峠を越えた先の近江であり、逢坂が峠であることを考えると、ここだけが他と違っている理由はわからない。和邇を除くと、逢坂、大枝、山崎と先の太政官符と重なる。この官符には、「郊外四所の鬼気を祭り治むるために」とあり、「郊外」という語がみえる。これら四ヵ所は郊外と考えられていたわけだ。この場合には、近江までが郊外の範囲に入ることになる。

貴族の行動範囲からいっても、近江までは日帰りをする。『蜻蛉日記《かげろう》』には、日帰りで志賀の韓崎《からさき》へ祓《はら》いに行ったことが記されている。天禄元年（九七〇）六月二十日過ぎのことで、まだ月が明々としている寅《とら》の時（午前三〜五時）に出発、鴨川のあたりで白々とし、逢坂の関を越える時にはまだ暗さが残っている。大津を過ぎたのが「巳《み》の時はて」（十一時近く）、「未《ひつじ》の終わり」（午後三時近く）に祓えが終わり、「申《さる》のはて」（五時近く）に逢坂の山の入口に着き、走り井（関近くの泉）で食事をしているうちに日が暮れている。逢坂の下りは夜になっているわけで、粟田口《あわたぐち》で松明《たいまつ》をもった京からの迎えにあい、帰宅している。日の長い頃だから、逢坂の関でまだ暗さが残っているとすれば六、七時頃だろうから、出発して三、四時間で逢坂の関、帰路も同じくらい時間がかかったとして夜の十時過ぎに帰宅したと思われる。

けっこうな強行軍だと思うが、女でも日帰りができるわけで、郊外の範囲に入るといえるかもしれない。ただし、逢坂は四界祭でも境界にあげられており、その外とは区別されている。逢坂越えでは逢坂までを郊外と考えておきたい。

『延喜式』の畿内十処疫神祭には、疫神を祭る場所が「山城、近江との堺」のように記されており、近江は畿外である。近江は独特の空間だったようだ。たぶん、古くからの文化的な位置づけがあったのだろう。奈良時代には日本海に出る主要な道として琵琶湖の西岸を通る道があった。『日本霊異《りょうい》記』中巻二四話は、聖武《しょうむ》天皇の時代、大安寺の銭を借りて越前の敦賀に商売に行く話である。船に乗せて商品を運ぶことが書かれているから、琵琶湖の水運を利用したことは明らかである。琵琶湖西岸には朝鮮からの渡来人が多く住んでいたことは考古学の発掘でわかる。オンドルも発掘されている。いうならば国際的な地域であった。境界的な場所と言い換えてもいい。

その意味では、漂着した「天竺人《てんじくじん》」が近江の国分寺に住んだのも、近江の境界的な性格と関係しているかもしれない。他にみられない例なので引いておく。

一人あり、小船に乗りて参河国に漂着す。布を以て背を覆ひ、犢鼻《たふさぎ》あり。袴を着けず、左肩に紺布を着く。形は袈裟《けさ》に似る。年二十ばかり。身長五尺五分、耳長く三寸余り。言語通ぜず、何国の人か知らず。大唐の人等これを見、僉《みな》曰く、崑崙《こんろん》の人なり。後に頗る中国語を習ひ、自ら天竺の人と謂ふ。常に一弦の琴を弾き、歌声哀楚たり。その資物を閲するに、草の実のごときものあり。これを綿種と謂ふ。その願によりて、川原寺に住まはしむ。即ち随身の物を売りて、屋を西郭の外の路辺に立て、窮する人を休息せしむ。後に近江の国の国分寺に遷り住む。（『日本後紀』延暦十八年七月）

日本海側ではなく、太平洋側の参河（愛知県）に小船で漂着したとあるから、遠く南から流されてきたことになる。言葉もまったく分からないもので、服装も見慣れない。袈裟のようだといっているから、天竺、つまりインド人というのはほんとうかもしれない。東南アジアあたりである可能性もある。「中国語」はたぶん日本語だろう（足利健亮「瀬田橋と古代官道」〈小笠原好彦編『瀬田唐橋』六興出版、一九九〇年〉）。持っていた物を売って建物を建て、困っている人に恵みを与えたというのだから、いろいろの物を持っていたわけで、商人かもしれない。川原寺は大和飛鳥《あすか》と長岡の二ヵ所あり、どちらだか不明。後に近江国分寺に移った。異国の人が暮らしやすい、国際的な場所だったのではないか。

近江は畿外でありながら郊外でもある。外国と接触する場所でもある。そして、遠くは蝦夷《えぞ》の地へと続く東との境界でもあった。古代の鈴鹿、不破、愛発《あらち》の三関がいずれも近江とその外との境界に置かれているのも、近江が東への最終的な境界の場所だったことによると思われる。近江は特殊な空間だった。紫式部が『源氏物語』を書いたとされる石山寺も近江であった。石山寺には和泉式部も隠《こも》っている。

大枝山、山崎

最初に引いた貴族たちの住むことのできる範囲を定めた太政官符の北限の大兄山は、酒呑《しゅてん》童子で有名な大枝山、大江山のことである。ただし、大江山は丹波との国境をなす山だから、「大兄山南面」とは山城側ということだろう。

南限は山崎、与渡、泉川の北崖という。淀川と泉川が合流するあたりが山崎で、これが正確にはどのあたりをさすかわからないが、山崎近辺と考えておく。山崎は、『土佐日記』に、紀貫之《きのつらゆき》が土佐から船で上京するとき、ここで船を降り、迎えの車に乗り換え、夜を待って京に向かったとある。先に逢坂まで送ることがあることを述べたが、逆に、山崎まで迎えが来る。京の範囲、郊外の外れであることがよくわかる。

京の都市計画

郊外が平安京の最初の都市計画に入っていたという論がある。足利健亮「都城の計画について」（上田正昭編『都城』社会思想社、一九七六年）である。足利は、東堀川と西堀川との間の距離が、東堀川と鴨川との間の距離に等しいことに注目し、西では御室《おむろ》川が西堀川から同じ距離に改修されたのではないかと推定する。そして、平安京は、東の鴨川と西の御室川がともに京極から四〇〇メートルとほぼ等距離になるように計画されたと述べている。この京極と川との間の空間は田を作ることを禁止され、畑や放牧地、葬送の地として郊外の役割をもたされたという。郊外としては狭すぎるが、平安京が郊外的な空間をもって都市計画されたというわけだ。

田と畑

菜園

当然のことながら、宮中で消費する野菜類は郊外の野で栽培された。『延喜式』巻三九「内膳司《ないぜんし》」には、内膳司が管理する「園地」（麦、大豆、野菜類などを栽培する地）の名と広さが記されている。名だけ抜き出すと、京北園《けいほく》、奈良園、山科園《やましな》、奈癸園《なき》、羽束志園《はづかし》、泉園、平城園の七ヵ所である。いずれも正確な場所は不明だが、京の郊外が京北園、奈良園（現在の八幡市）、山科園、奈癸園（現在の宇治市）、羽束志園（現在の伏見区）の五ヵ所、泉園は和泉国、平城園は大和国と思われる。広さからも、京の郊外が六割を占める。最大のものは京北園で、全園地（三九町五段二〇〇歩）の半分弱（一八町三段）を占める。この京北園には、肥料として左右馬寮から馬糞が運ばれたことも記されている。

宮中のものでなくても、都市生活にとって野菜は必要だから畑が営まれるのは当然で、『大鏡《おおかがみ》』巻五には、「北野、賀茂河原に作りたる豆、ささげ、瓜、茄子《なす》」と栽培されたものが記されている。京北園も北野だろうから、北野一体は京の畑作の一大生産地だったといえよう。また、「四季を感じる」で引く『枕草子』九四段には稲の脱穀を見物する場面があり、畑だけでなく、田もあったことがわかる。賀茂の河原での耕作は、貞観十三年（八七一）と、寛平五年（八九三）に禁止された（それぞれ『三代実録』『類聚三代格』）が、寛平八年（八九六）には許されている（『類聚三代格』）。禁止されたのは賀茂川の氾濫を防ぐためだが、結局禁止しきれなかったものと思われる。都市生活がそれだけ定着したことを示しているのではないか。

田　園

『伊勢物語』五八段には「男」が長岡にいた話がある。

昔、心つきて色好みなる男、長岡といふ所に家を作りてをりけり。そこの隣なりける宮腹に、こともなき女どもの、田舎なりければ、田刈らんとて、この男のあるを見て、「いみじのすきもののしわざや」とて、集まりて入り来ければ、この男、逃げて奥へ隠れにければ、女、

荒れにけりあはれいく世の宿なれや住みけん人の訪れもせぬ

といひて、この宮に集まり来ゐてありければ、この男、

葎《むぐら》生ひて荒れたる宿のうれたきはかりにも鬼のすだくなりけり

となむ、いだしたりける。この女ども、「穂拾はむ」といひければ、

うちわびて落ち穂拾ふと聞かませば我も田面《たづら》に行かましものを

という話である。男は田舎の長岡に家を建てており、田をもっていて、稲刈りをしていた。すると、隣の皇女に仕えている女たちが、たいそうの趣味人のお仕事ですこととからかったので、男は家の奥に隠れた。女はさらに、荒れはてた古い家なのだね、住んでいた人は訪ねても来ないとからかい、その家に集まってきたので、男は、荒れはてた家のつらいところは鬼が集まってくることだ、と言い返した。女たちは、あなたは稲刈りをするのだから、私たちは落ち穂拾いをしよう、とまたからかうと、男は、あなたたちが困窮して落ち穂拾いをすると聞いていたなら、私も田の面に出て手伝ってあげたのに、と切り返した。だいたいそういう内容の話である。「この宮に集まりて」の「宮」は、八四段に、男の母が宮で、長岡に住んでいたという話があるから、身分の高い母によって男の家をさしたものと思われる。

その八四段の話は、男は宮仕えをしており、なかなか母に会いに来られないので、母が男に歌を送ったというもので、男は京におり、母が長岡に住んでいたことになる。これは、おもしろい構図だ。母は宮だから京が本来住むべき場所である。京に住みたくなくて、長岡という郊外に家を建てた。もちろん、男が「京にありわびて」（七段）、「京や住み憂かり」（八段）などと感じている状況と呼応している。現代の都会の勤め人と似てくる。都会に住むのがわずらわしく、郊外に転居する。現代はそこから通うが、平安の貴族たちは夜でも呼び出されることもあり、長岡から通うわけにはいかない。帰るときは、まとめて日数をとったのだろう。そのときの話が五八段である。

男は稲刈りをしたという。貴族はそんなことはしない。しないことが貴族であることの資格みたいなものだ。身分制社会は分業が徹底しており、他の分野は犯さない。それぞれが誇りをもてるのも、それゆえだ。しかし、分業は人を固定化し、自分に向かないかもしれないという不安を感じるなら、生きにくい。そういう不安や疑問が人をはみ出させる。『伊勢物語』の「男」ははみ出し者だった。だから、稲刈りもする。そういう行為が許される場所が郊外だったといえる。しかし、郊外は気取った都会人も住んでいる。田園を求めて転居したのに、有名人であるだけ注目される。そして、都においてと同じようにからかわれる。田舎でありながら、こういう都会風の行為があるのが、また郊外である。そこで、男が即座に応じるのも、都会風のみやびな行為だ。

このように、この話は郊外の田園だからこそ成り立つ話になっている。もちろん、この話は、田が郊外にあることの証拠にもなるわけだ。

『今昔物語《こんじやく》』二四巻二話に、賀茂川の河原に田が多くあったことがわかる話がある。

賀茂河原の田

桓武《かんむ》天皇の皇子高陽《かや》親王はきわめて巧妙な細工人だった。京極寺の前の河原にある田は高陽親王の領地だった。旱魃で、ほとんどの田が干上がってしまった年があった。この親王の田は賀茂川の水を引き入れていたので、川の水が絶えて、庭のようになって、苗もみな枯れてしまいそうになった。ところが、親王は、背たけ四尺ほどの童子が左右の手に器を捧げて立つ人形を作って田に立てた。この人形は、持っている器に水をいっぱいに入れると顔にかける仕掛けだった。人々はおもしろがって、つぎつぎ聞き伝え、京中の人々が集まり、水を入れた。そのため、田は水で満ちた。そこで、人形を隠し、干上がると人形を出して田に立てた。このようにして、親王の田は旱魃の害をこうむることがなかった。

機械仕掛けの人形によって干上がった田を潤すことができた。このからくり人形は、江戸時代には、手に持っている茶碗にお茶を入れると、動いて客の前にお茶を運ぶ人形などがあるが、それと通じる。『今昔物語』は一二世紀の編纂で、同じ時代、まして高陽親王の生きた九世紀前半に、実際にこのような人形があったかどうかは不明で、吉田光邦『機械』(法政大学出版局、一九七四年)によれば、唐の張鷟《ちょうさく》撰『朝野僉載《ちょうやせんさい》』に同様の話が多くみられ、この今昔の話は「中国の翻案だったらしい」という。そうだとすれば、このような話の舞台が郊外であることに注意したいと思う。人々の目にしたこともないからくりがあってもおかしくない場所が郊外だったということになる。

この話の気になるところは、旱魃でどの田も干上がっているのに、天皇の皇子が自分の田だけはそうならないように技術を駆使したことである。農民を助けるという発想がない。いわば、自分だけがよければいいのだ。為政者がこんなことでは困る。しかし、この話は親王を非難する言辞はまるでなく、その技術の腕を称えている。こういう為政者の倫理とは無縁なところで行動する者の話は、個人を中心にみる見方がなければ成り立たない。きわめて都市的なのだ。

賀茂川の河原に川から水を引いて田を作っていたという。賀茂の河原だから、先に述べたように、郊外である。その技の発揮される場所が郊外だったのである。もちろん、郊外にのみ固有の話とは思わない。ただ、田と技術の結びつきは郊外だからこそありえた。技術といっても、お茶くみ人形のように、基本は遊びである。灌漑設備を作る技術や耕作の技術ではない。親王は遊びとしての技術を駆使している。それが田に利益をもたらしただけなのだ。

京中の人々がつぎつぎに伝え聞き、集まって人形に水をかけた。旱魃で賀茂川も水がなくなったというほどだから、京の市街の井戸も干上がった可能性がある。にもかかわらず、人々は水を持って集まった。旱魃というつらい時のことなので、遊びたのしむ救いとして受け取られたと考えてみるのがいい。一人にとっては一杯の水だが、集まれば田を潤すにたる量になる。京という都市、つまり人口の多さがこれを可能にしている。やはり、郊外でなければ成り立たない話なのだ。

墓　所

鴨と島田の河原

鴨の河原には死体が散乱していたらしい。『続日本後紀』承和九年（八四二）十月十四日条に、「左右京職東西悲田に勅して、並に料物を給し、島田及び鴨河原等の髑髏《どくろ》を焼歛《せうれん》せしむ。惣じて五千五百余頭」、同十月二十三日条に、「太政官義倉物を悲田に宛て、鴨河の髑髏を聚《あつ》め葬らしむ」とある。この年は飢饉があり、異常な状態といえるが、だからといって、ふだんから墓所でなければこれだけの屍があるわけはない。墓所だからこそ、京の人々が賀茂の河原に死体を運んで放置したのである。河原は葬送の地として公認された。山城国葛野郡五条荒木西里六条久受原《くずはら》里と紀伊郡十条下石原西外里十一条下佐比《しもさい》里十二条上佐比里の二ヵ所が「葬送放牧の地」として制定されているが、この二ヵ所は河原と呼ばれている（『三代実録』貞観十三年閏八月二十八日条）。京の西、西南の葛野川《かどの》（桂川）の河原である。

神の子孫たる天皇の居住する都は死穢《しえ》のあってはならない場所として、平安遷都直後から死穢を閉め出そうとした。延暦十六年（七九七）正月二十五日に、「山城国愛宕《おたぎ》葛野《かどの》郡の人、死者あるごとに、便《すなは》ち、家の側に葬る、積習常となす。今、京師《けいし》に接近す。凶穢避くべし。よろしく国郡に告げて、厳しく禁断せよ。もし犯違あれば、貫外の国に移せ」という勅が出されている（『日本後紀』）。愛宕、葛野の死者を家の側に葬る古くからの習俗を、京が近いゆえに禁止しているわけだ。京の近くには墓所が定められたから、墓所を遠ざけるためではない。藤本佳男がいうように、死を忌む考えに基づいたものだろう（「悲田院とその周辺」〈日野昭博士還暦記念論文集『歴史と伝承』一九八〇年〉）。そうだとすると、周辺を京と一体のものとして考えようとしているといえる。

鴨河原に死体が多くあるのは、運んで棄てたためだけでもないらしい。貞観八年（八六六）閏三月朔日、清和天皇が藤原良房《よしふさ》の東京染殿第《とうきょうそめどのだい》（左京北辺）に行幸して桜を見たり、田を耕す農夫を見たりした日、京城の貧窮者を鴨河辺に召し集め、銭や食事を施している。陽成《ようぜい》天皇の代にも、皇太后藤原高子《たかいこ》が太上天皇（清和天皇）のために染殿で御斎会《ごさいえ》を設けた元慶五年（八八一）十一月二十六日、京中の貧窮者を鴨河辺に召し集め、施しをしている（ともに『三代実録』）。貧窮者はいわば脱落者で、普通の人ではない。そういう人が集められたということは、鴨河原が特殊な場所だったことを示している。都市にとっての境界的な空間だったのである。それゆえ、貧窮者、病者が集まり、死んでいくこともあったと考えられる。

このような鴨河原は、空也《くうや》が鴨河原で金字般若経を供養し、道俗貴賤多くの人々が集まる（『日本紀略』応和三年八月二十三日条）ということが可能な場所であったが、同時に危険な場所でもあった。『宇津保《うつほ》物語』俊蔭巻に、源兼雅が出歩くことを心配した母親が、「かばかり河原のわたりは盗人多くて、人そこなふなり。それに一人あらば、盗人うち殺してばいかがせまし」と心配する場面がある。鴨の河原には盗人が徘徊し、人殺しもあったということである。鴨の河原はいわば秩序外的な場所であった。

鴨の河原と並べて記されている島田は、「葬送並に放牧の地」を定めた貞観十三年（八七一）の太政官符《だじようかんふ》に、葛野郡島田河原の名がみられる。この島田川は京のすぐ西を流れる御室《おむろ》川の九世紀の呼称という（足利健亮「都城の計画について」〈上田正昭編『都城』社会思想社、一九七六年〉）。鴨の河原、島田の河原は公認の葬送の地として、京の周辺に位置づけられた。天皇が居住することによって、都である日本の都市は死穢から遠ざけられねばならなかったのである。

悲田院　承和九年（八四二）十月の髑髏を集め処理した記事に、東西悲田院《ひでんいん》が出ていたが、悲田院とは「京中路辺の病者、孤児」を収容するための施設（『延喜式』巻四十二「左右京職」）で、東は「鴨河悲田」（『続日本紀』承和十二年十一月十四日条）、西は「悲田院南沼」（『類聚三代格』巻十六所収の貞観十三年閏八月の太政官符「葬送並に放牧の地を定める事」に山城国葛野郡と紀伊郡の二ヵ所が葬送と放牧の地と定められ、その四至が記されているが、紀伊郡の北限にこの名がみられる）にあたり、ともに九条南にあったらしい（網野善彦「古代・中世の悲田院をめぐって」〈北西弘先生還暦記念会編『中世社会と一向一揆』一九七五年〉）。この『続日本紀』承和十二年（八四五）十一月の記事は、「鴨川悲田預僧賢儀の養ふ所の孤児清継、清成、清人、清雄等十八人に、並に新生連の姓を賜ひ、左京九条三坊に貫す。即ち、清継を戸主となす」という勅で、悲田院は孤児を養っていたことがわかるが、ここに記された孤児の名がすべて「清」を含むことは、かれらが死穢を清める役割を担っていたことを意味するという（大山喬平『日本中世農民史の研究』岩波書店、一九七八年）。鴨川の死体処理を扱ったのもそれゆえということだ。先の記事は、東の悲田院が鴨の河原の屍を、西の悲田院が島田の河原の屍をということだろう。

病人は普通の家庭なら家族が庇護するから問題にはならない。この病者は、孤児と並べられているように、身寄りがなく路辺に倒れているような大人たちであろう。京の市街地から、そのような秩序外的な人々は排除されたわけだ。そして、京の周辺に集められた。孤児に関していえば、成人して姓をもらえば普通の人になるから、先の例でいえば、左京九条三坊に戸籍を与えられ、京の住人になることができた。

鳥辺野

平安期の葬地としては東の鳥辺野《とりべの》が知られている。『源氏物語』「葵《あおい》」で、葵の上が葬送され焼かれるのも鳥辺野であった。夕顔の屍は、惟光《これみつ》の知り合いの女房が尼になっている東山に送られるが、源氏にとって「道遠くおぼゆ。十七日の月さし出でて、河原のほど、御先駆の火もほのかなるに、鳥辺野のかたなど見やりたるほどなど、ものむつかしきも何ともおぼえ給はず、かき乱る心地し給ひておはし着きぬ」とあり、さらに先に行くのに鳥辺野のほうを見ることによって、夕顔の屍の死を実感していっている。平安京の人々にとって鳥辺野が葬送の地としての像をもっていたわけだ。ただし、夕顔の場合も、屍を焼くなら鳥辺野でもよかったはずで、この描写は夕顔を鳥辺野で火葬できないことを語っている可能性がある。もしそうなら、身分の関係か、公にできないことだからかだろう。

　史料的に身分の高い者しか記録に残らないものだが、鳥辺野は貴族たちの葬送の地だった。初見は、天長三年（八二六）の恒世《つねよ》親王（淳和《じゅんな》天皇皇子）の「鳥部寺以南」に葬る例である（『日本紀略』）。鳥部寺は宝皇寺（法皇寺）のことで、延暦二十五年（八〇六）四月に桓武天皇の四七日の斎会が佐比《さい》寺（現在の京都市南区塔ノ森にあった寺）、崇福寺（現在の滋賀県大津市滋賀里町にあった寺）と三ヵ所で、嘉祥三年（八五〇）三月にも、仁明天皇の初七日の仏事が他の六ヵ寺とともに行われ、康保四年（九六七）六月には村上天皇の四七日誦経使《じゆきようし》の派遣がなされている。皇室の死後まもない霊を鎮める寺だったといえる。このようなことから、死者の霊が留まる場所という像が生まれ、鳥辺野が葬送の地となっていったと思われる。

四季を感じる

自然と交感する

日本の文化に目立つ性格の一つに、自然との交感がある。従来、農耕との関係で考えられてきたが、『万葉集』について述べたように、歌に自然の変化が詠まれるようになるのは都市生活が始まる藤原京、平城京以降である。自然との接触を楽しむ文化は、むしろ農耕を離れた都市的な生活において始まる。都市民たる貴族たちは、季節の変わり目ごとに郊外へ出て自然と交感した。この文化は都市生活が定着する平安期に明確になった。ここでは、文芸生活を中心に、郊外とのかかわりを考えたい。

心のぶ

『蜻蛉日記《かげろう》』の天禄三年（九七二）閏二月十日に、

賀茂《かも》へ詣《まう》づ。「しのびてもろともに」といふ人あれば、「なにかは」とて詣でたり。いつもめづらしき心ちするところなれば、今日も心のばはる心ちす。田返しなどするも、かうしひけるはとみゆ。紫野《むらさきの》どほりに北野にものすれば、沢にもの摘む女、童べなどもあり。うちつけに、ゑぐ摘むかと思へば、裳裾《もすそ》思ひやられけり。船岡うちめぐりなどするも、いとをかし。暗う家に帰りて、……

という記事がある。賀茂社に詣でようとしていると、いっしょに行きたいという人がいたので連れだって出かけた。紫野を通り、北野に行き、船岡を回って行った。暗くなって帰った。田を耕しているようすを、なんともつらい仕事をしているとみたり、沢でえぐ（芹？）を摘む子供を見て、裾が濡れるだろうと思ったり、途中の光景を見ながらの道程である。この記事は賀茂詣でに行きながら、賀茂社のことは少しも記してはいない。むしろ、途中の風物を楽しんでいる趣がある。寺社参詣はこのような面が大きかったらしい。

途中の風物を楽しむために出かける感じを、「心のばはむ」といっている。心がのびのびする、解放されるといったニュアンスである。それも、「今日も」とあり、いつも寺社詣でに出ると感じることなのがわかる。天禄元年（九七〇）六月二十日過ぎの唐崎《からさき》参りの際にも、「心ものべがてら浜づらの方に祓《はら》へもせんと思ひて、唐崎へとてものす」と、この言葉が使われている。琵琶湖に祓え、つまり罪汚れを流す儀礼をしに行くのに、「心ものべがてら」というのである。やはり「心のぶ」が目的の一つであった。「心のぶ」のはいわゆる自然だけにではない。そこには人の生活もある。この『蜻蛉日記』の場面は、自然の変化にともない、人が活動している状態を見て、心を解放しているといえる。つまり、いわゆる自然にふれるというのとはいささか異なる。自然も人もあるのが郊外であり、その両方に触れに行くのだと考えたほうがいいと思う。

参詣に行く寺社は郊外、郊外の外れにあった。どの場合も、郊外を通って行く。したがって、郊外に出かけたときの気分としてこの「心のぶ」があったといえよう。もちろん、危険な土地、旅支度の必要な遠い土地では「心のぶ」の状態になれないわけで、治安のいい、安心して出かけられる範囲でなければならない。郊外というのはそういう空間だったといえる。この「心のぶ」は、「都市と郊外」で述べた、『万葉集』の野遊びに春日野《かすがの》に出た時の歌にもあった。

心やる

「心のぶ」と似たニュアンスの言葉に「心やる」がある。『平中物語』《へいちゆう》三五段に、

また、男、いささか人にいはれ騒がるることありけり。そのこと、いとものはかなきそらごとを、あだめける人の、作り出でていへるなりけり。さりければ、かう心憂

きことと思ひ慰めがてら、心もやらむと思ひて、津の国のかたへぞ行きける。しのびて、知る人のもとに、「かうてなむまかる。憂きことなど慰みやする」といへりければ、

世の憂きを思ひながすの浜ならばわれさへともに行くべきものを

とある返し、

憂きことをいかで聞かじと祓へつつ違へながすの浜ぞいざかし

とて、いにけり。

とある。つまらない作り事で噂を立てられ、鬱屈した心を慰めがてら、心をはらおうと、出かけている。「心やる」は気晴らしよりもう少し強いニュアンスである。この場合は、自分をよく思わない女が悪い噂を立て、人もそれにのって非難した。たまらない状態である。どこかへ行きたいと思うのももっともだ。

津の国の長洲の浜に行った。なぜ長洲の浜かといえば、歌にあるように、「思ひながすの浜」だからである。長洲の浜が「思いを流す長洲の浜」と読まれた。地名が都市の生活から読み替えられたわけだ。だじゃれ的だが、『万葉集』以来、このような枕詞は多い。本来土地の神話、地名の由来の詞章の凝縮したものだった枕詞が、『万葉集』の時代に、

都の人が地方を旅する際に、都市生活の側から新たに地名の読み替えがされていった（古橋『古代都市の文芸生活』大修館書店、一九九四年）。これは枕詞ではないが、同じ働きをしている。

津の国は郊外の範囲を超えているかもしれないが、津の国、和泉の国に行くという文芸のパターンがあるようなので、ここにふれておく。そのパターンというのは、『伊勢物語』六六、六七、六八段にある。

昔、男、逍遥しに、思ふどちかいつらねて、和泉の国へ、二月ばかりに行きけり。河内の国、生駒の山を見れば、曇りみ晴れみ、立ちゐる雲やまず。朝より曇りて、昼晴れたけ。雪いと白う木の末に降りたり。それを見て、かの行く人のなかに、ただ一人よみける。

昨日今日雲の立ち舞ひ隠ろふは花の林を憂しとなりけり　（六七段）

「思ふどち、かいつらねて」逍遥に出かける。あてもなく都を出てぶらぶらするわけで、都市的な生活そのものである。このように逍遥する範囲は河内、摂津、和泉あたりまでのようだ。二、三泊の小旅行といった感じだ。六六段では、男がいい歌を詠んだので、「これをあはれがりて、人々帰りにけり」と、すぐ帰京している。

『伊勢物語』の東下り（七〜一一段）では、「京にありわびて東に行きけるに」（七段）、「京や住み憂かりけむ、東のかたに行きて、住み所求めむとて」（八段）、「身を要なきものに思ひなして、京にはあらじ、東のかたに住むべき国求めにとて」（九段）というように、京に暮らせなくなって東に下り、そこに住もうとしている。津の国や和泉の国への逍遥とは違う。

自然と交感する場所

平城京において、春日野が自然と交感する場所であり、そこから四季の歌が生まれたことを述べたが、平安京では周囲全体がそういう場所になる。その意味でも、むしろ、平安京になって四季歌が定着する（古橋『古代都市の文芸生活』前掲）というべきだろう。四季歌自体がその証拠にもなるが、季節の変化ごとに、都市の人々は自然に触れに郊外に出た。ここでは、『枕草子』九四段をあげておく。

（五月）一日より、雨がちに曇りすぐす。「つれづれなるを。ほととぎすの声たづねに行かばや」といふを、われもわれもと出で立つ。「賀茂の奥に何崎とかや、たなばたの渡る橋にはあらで、憎き名ぞ聞こえし。そのわたりになむ、ほととぎす鳴く」と人のいへば、「それはひぐらしなり」といふ人もあり。そこへとて、五日の朝に、宮司に車の案内こひて、北の陣より、「五月雨は咎めなきものぞ」とて、さし寄せて、四人ばかり乗りていく。（中略）馬場といふところにて、人多くて騒ぐ。「何するぞ」と問へば、「手結《てつがひ》にて馬弓《まゆみ》射るなり。しばし御覧じておはしませ」とて、車とどめたり。「左近の中将、みな着きたまふ」といへど、さる人も見えず、六位など立ちさまよへば、「ゆかしからぬことぞ。はやく過ぎよ」といひて、いきもてゆく道も、祭のころ思ひ出でられてをかし。かくいふところは明順《あきのぶ》の朝臣《あそん》の家なりける、「そこも、いざ見む」といひて、車寄せて下りぬ。

田舎だち、事そぎて、馬のかたかきたる障子、網代《あじろ》屏風、三稜草《みくり》の簾《すだれ》など、ことさらに昔の事を写したり。屋のさまもはかなだち、廊めきて端近に、あさはかなれどをかしきに、げにぞかしがましと思ふばかりに鳴きあひたるほととぎすの声を、口惜しう、御前に聞こしめさず、さばかり慕ひつる人々をと思ふ。

「ところにつけては、かかることをなむ見るべき」とて、稲といふものを取り出でて、若き下司どもの、きたなげならぬ、そのわたりの家の娘など、ひきもて来て、五六人して扱《こ》かせ、また見も知らぬくるべくもの、二人して挽かせて、歌うたはせなどするを、めづらしくて笑ふ。ほととぎすの歌詠まむとしつる、まぎれぬ。（中略。蕨などで接待されるが、雨が降ってきて、帰途につく）

卯の花のいみじう咲きたるを折りて、車の簾、かたはらなどに挿しあまりて、襲《おそひ》、棟などに長き枝を葺きたるやうに挿したれば、ただ卯の花の垣根を牛にかけたるとぞ見ゆる。供なる男どももいみじう笑ひつつ、「ここまだし」「ここまだし」と挿しあへり。

清少納言は、ほととぎすの声を聞きに賀茂の奥の何崎（瀬見《せみ》小川の水源地帯の松が崎という）に出かけた。誰かが言い出すと乗る者が出る。『蜻蛉《かげろう》日記』もそうだった。この場合は女の四人づれである。やはり、郊外は女だけで気軽に出かけられる空間だといえる。一条の外の馬場で車を止め、さらに行って明順の家に寄って、田舎の食事をごちそうになり、田舎の習俗を見物し、卯の花を摘んで車に飾ったりしながら帰っている。要するに、田舎の生活、風景などを楽しんでいるわけだ。『蜻蛉日記』の場合より、もっと積極的になっている。こういう都会では味わえない一時的な楽しみを与える場所が郊外だった。

一応の目的はほととぎすの声を聞くことで、省略したが、歌を詠んで宮中に持ち帰ることになっていた。引用部の「ほととぎすの歌詠まむとしつる、まぎれぬ」とは、楽しくてそれも忘れてしまったことを述べる。わざわざ郊外に聞きに行くのは、まだ市内ではほととぎすが鳴かないからである。季節の変化に最初に触れる場所としての郊外という像が生きている。卯の花と戯れるのも、自然との触れ合いだ。『枕草子』のこの段は、「心のぶ」の具体的なようすをえがいているといえる。

四季の歌

勅撰和歌集は必ず四季の歌から始まる。『古今集』でいえば、一巻から六巻までは四季歌で、一一巻から五巻の恋歌と呼応し、和歌集の中心になっている。この四季歌が『万葉集』の雑歌《ぞうか》に淵源をもつ（森朝男『古代和歌の成立』勉誠社、一九九三年）ならば、雑歌は公的な歌（古橋『万葉集』筑摩新書）だから、四季歌が勅撰集の基本としてあるといえる。つまり、宇宙の運行が元にあり、さまざまな人事があるという世界観を示しているわけだ。

春立てば花とや見らむ白雪のかかれる枝に鶯《うぐひす》の鳴く（素性法師　春上　巻一・六）

は、まだ雪があるのに春になった乱れを、雪を花にみなすことで修復している歌といえる。しかし、このように暦から自然の変化、時節らしさを詠むことは、自然に敏感に反応することになるから、自然そのものを観察することに通じる。いわゆる農耕的な、何かのためにではなくである。

君がため春の野に出で若菜摘むわが衣手に雪は降りつつ（光孝天皇　巻一・二一）

は、「君がため」にわざわざ雪の降る野に出て摘んできたと、たぶん女を口説く歌だが、そのように私的なところで自然との触れ合いをしている。基本は、雪があるのに春になり、春になれば若菜摘みに出るという状況を詠んでいる。人は宇宙の運行に従って生きねばならないのである。季節の変化、つまり宇宙の運行に触れ、自分もその一部であることを確認し、その力を身につけ、魂も身体も活性化する。それが春菜摘みの行事であった。そして、そういう行事には男女関係という人事がつきものであることも、人の側の独自性としてはじめから組み込まれていた。こういう関係は、農耕とかかわるような生産性、つまり子を産むことと稲の実りとが重ねられるようなものではない。人も自然も宇宙の運行の一部として並列しているのである。春になれば、霞がたなびき、若菜が芽をふき、梅が咲き、鶯が鳴く。それに対して、人の側は野に出て、季節と交感し、恋愛する。それが宇宙の運行に対応する人のあり方だったのだ。そして、そういう場所が野、郊外であった。

先に引いた『枕草子』も、同じ世界観のなかにある。暦ではほととぎすの時節なのに、鳴いていないから、野に聞きに出た。そして、いわゆる自然に触れ、活き活きしている。ただ歌との違いは、野における人の生活にも触れていることで、郊外の空間において必然的にありうることであった。それが描写できるのは、自然を観察する目が成立しているからである。

別　荘

双の丘山荘

郊外が自然と接触する空間ということは、そこに特別な屋敷を構えることに繋がる。平安時代の別荘がどこにどのくらいあったかは『平安京提要』(角川書店、一九九四年)に整理してある。ここでは、平安初期の典型的な別荘の例だけあげてみよう。

天皇の、郊外の離宮や別荘への行幸を『類聚《るいじゅう》国史』巻三一の「行幸」の項目から嵯峨《さが》、淳《じゅん》和《な》天皇の場合だけ抜き出すと、

嵯峨天皇　嵯峨別館　弘仁七年(八一六)二月、八月。八年閏四月。十年八月。

淳和天皇　清原夏野《なつの》の山荘　天長七年(八三〇)九月、閏十二月。

紫野院　八年十月、九年四月（「雨林院」と名を変える）。

と、意外に少ない。神泉苑への行幸が最も多く、半分をはるかに越える。郊外の臣下の別荘は夏野の山荘だけだった。郊外へは、遊猟の節であげたような野にも行幸しているが、日帰りが普通だったようだ。

清原夏野（七八二〜八三七）の別荘は京の西北の双《ならび》の丘にあった。『類聚国史』にはなかったが、『三代実録』貞観五年（八六三）正月十一日条の次男の清原真人《まひと》滝雄《たきお》卒伝によれば、天長七年（八三〇）九月、淳和天皇が右大臣清原夏野の新造した双の丘山荘に行幸し遊宴し、承和元年（八三四）四月、嵯峨太上天皇が双の丘山荘に行幸し「水樹」（水や樹木）を賞美している。また、承和二年（八三五）二月二十一日には、清原夏野が、双の丘山荘でとれた一茎に二本の枝のある、紫と緋の混ざった色の、茎ごとに末に菌のある芝草を献上している（『続日本後紀』）。芝草は漢方の薬草である。このように、夏野の別荘は有名だったようで、夏野は「双岡大臣」と呼ばれた（『公卿補任』承和四年）。

この夏野の山荘は後に寺になっている。『三代実録』天安二年（八五八）十月十七日条に、「陵辺（前々月に崩御した文徳の陵）に三昧の沙弥《しやみ》二十口を修させ、双丘寺に住まはしむ。元これ右大臣清原真人夏野の山庄、今所謂《いはゆる》天安寺なり」とある。正確にいつ寺になったかはわからないが、承和二年の記事が最後で、夏野はその二年後に亡くなっているから、夏野の死によって寺となったと思われる。このように、別荘は寺になる場合が多い。

夏野の別荘のあった双の丘は東南に京の市街を一望できる丘で、別荘が営まれるのにふさわしい地である。仁明《にんめい》天皇は、遊猟の際この丘を「四望地」としている（『続日本後紀』承和十四年十月十九日条）。双の丘の東には古墳があり、その時、叙位している。その翌日、双の丘の下にある大池に行幸しているが、双の丘の南に源《みなもとの》常《ときわ》の別荘があり、そこから御贄《みにえ》を奉られたことがあった（『続日本後紀』）。山あり池ありで、やはり別荘地にふさわしかったことがわかる。

遊猟・行幸と漢詩文

双の丘の南の源常の別荘の仁明天皇の場合のように、天皇が遊猟の際、近くの別荘に寄ることがある。やはり、『類聚国史』巻三二の「遊猟」の項の桓武《かんむ》天皇から淳和天皇までの記事から、別荘に寄ったことがわかる例を抜き出してみる。

桓武天皇　藤原継縄《つぐただ》別業《べつぎょう》（延暦六年〈七八七〉十月、十年十月。交野《かたの》、葛野）

藤原是公《これきみ》別業（延暦十一年正月。栗栖野《くるすの》）

伊予親王荘、山荘、大井荘（十二年二月、九月、十七年八月。栗栖野、北野）

嵯峨天皇　親王（後の嵯峨天皇）の荘（二十一年八月。的野《まどの》）
山崎駅を行宮（弘仁四年〈八一三〉二月。交野）
山崎離宮（五年二月。交野）
嵯峨院（五年閏七月、八年八月。北野）
明日香親王宇治別業（五年九月。栗前野《くりさきの》）
河陽院（十年二月。水生野《みずおの》）
淳和天皇　紫野院（天長六年〈八二九〉十月）
河陽院（八年二月。水生野）
雨林院（九年九月。北野）

これも多いとはいえないが、遊猟の場合も日帰りが多いらしい。仁明天皇まで入れれば、先の源常の別荘と芹川野《せりかわの》遊猟（仁和二年十二月）の際の藤原高経の別荘がある。行幸に出かけた先では、酒肴があるのはもちろんだが、詩を賦《ふ》すのが基本になっている。夏野の山荘の場合では、「詞人三十人を択びて、詩を賦さしむ。御製に応ずるなり」とあり、淳和天皇が詩を作り、それに応じて三〇人もの詩人が詩を作っている。その意味で、行幸は中国風の行事で、桓武が郊祀《こうし》を行うことで新たな王権を志向したことと一体のものといえる。遊猟の記事には詩を賦すとないが、『凌雲集《りょううん》』に嵯峨天皇の「春日遊猟し、日暮れて江頭《こうとう》の亭子《ていし》に宿る」と題する詩とそれに和す皇太子らの詩が残されており、泊まる場合には、やはり詩宴になったようだ。江頭は山崎あたりの淀川をいう。山崎近くの遊猟で泊まったことがはっきりしているのは弘仁四、五年で、ともに交野で猟をしている。四年の場合は、たまたまこの日に山崎かその近くで火事があり、二一軒の家が延焼し、米や綿を給したという。『凌雲集』『文華秀麗集《ぶんかしゅうれい》』『経国集』の勅撰三漢詩集で詩が作られた郊外の場所を数えると山崎あたりが最も多い。山あり水ありのこの地が漢詩の対象にふさわしかったということだろう。いつ作られたかは不明だが、嵯峨天皇の「江頭の春暁」という短い詩を引いておく。

江頭亭子人事睽　欹枕唯聞古戍鶏
雲気湿衣知近岫　泉声驚寝覚隣渓
天辺孤月乗流疾　山裏飢猿到暁啼
物候雖言陽和未　汀洲春草欲萋萋

江頭の亭子人事に睽《そむ》き、枕を欹《そばだ》てて聞くは古戍《こじゅう》の鶏のみ
雲気衣を湿らしては岫《くき》に近きことを知り、泉声寝を驚かしては渓《たに》に隣《ちか》きことを覚ゆ

天辺の孤月流れに乗りて疾《はや》く、山裏の飢猿暁に到りて啼く

物候陽和《ぶつこうようわ》未《いま》だしと言ふと雖も、汀洲の春草萋萋《せいせい》ならむとす

この詩に「人事に睽き」とあるように、俗世間と離れ、自然と交感することを詠ずるのがこの種の詩の特徴と考えていい。しかし、「古戍（古い関所）」とあるように、完全に人から遠ざかるわけではない。いわば、境界にいる。奈良時代の漢詩集『懐風藻《かいふうそう》』が吉野を仙境とし、そこに遊ぶ感じのものが多いのと比べると、世界が身近になっているといえる。水の音に驚いて目覚め、川の側にいることを思い起こすというような表現も、中国の詩を踏まえたものにしろ、旅寝でありそうな感覚である。「天辺の孤月流れに乗りて疾く」は天の果て、つまり西の端に月が川の流れに乗って早く傾くという内容で、この宴のすばらしい一夜の明けゆく時間の早さを川の流れによるとみている。いうならば、主観的な時間が周囲の情景と一帯のものとして捉えられているのだが、自然の側からの表現として詠じられている。自然と人との関係が対等なわけだ。このような表出は和歌になかったわけではない。しかし、さまざまな事象が重ねられて詠じられるところに、和歌と異なる明瞭さがあらわれる。たぶん、この明瞭さが表現世界を変えていったと思われる。

郊外に住む

監の命婦の堤の家

『大和物語』の主要登場人物の一人に、監《げん》の命婦《みょうぶ》という中流の女がいる。彼女は鴨川の堤に家をもっていた。

同じ人（藤原忠文《ただふみ》の息子）に、監の命婦、山ももをやりたりければ、

みちのくの安達《あだち》の山ももろともに越えば別れの悲しからじを

となむいひける。さて、堤なる家になむ住みける。さて、鮎をなむとりてやりける。

鴨川の瀬にふす鮎のいをとりて寝でこそあかせ夢に見えつや　（七〇段）

前段に藤原忠文の息子と恋仲だったこと、忠文が「みちの国の将軍」になって下るのに同行することが書かれている。忠文は、平将門《まさかど》の乱の鎮圧のため、征東大将軍に任じられ、

天慶三年（九四〇）二月に出発している。監の命婦は恋人に別れを惜しむ手紙と山ももを贈ったのである。男の返しの歌の「山ももろともに」には「山もも」がよみ込められている。『古今集』の部立《ぶだて》でいえば「物の名」である。この山ももを贈ったことも、郊外の家に住むことと関係しているように思える。というのは、続いて鮎を贈っているからである。鮎を贈るについては、「堤なる家になむ住みける」と説明がある。鮎を贈ってふしぎない場所に住むことを添えてあるわけだ。もちろん、歌の「いをとりて」に「魚とりて（魚をとって）」と「寝をとりて（睡眠をとって）」をかけてあり、女が鮎をとってもおかしくない場所にいることの説明である。こうあることで、贈り物が女の住む場所にふさわしい物、つまり場所と時間をよく心得て歌や贈り物の贈答をする当時の文化のあり方にそったものであることが明確になり、そこから、山ももも女の住む郊外の家にふさわしい物であると考えることができる。山ももや鮎は地方から送られてきてもいいのだが、郊外の生活は、このように、都市の生活にかかわり、平安の都市文化を形成していた。

この「堤なる家」は後に売られる。

監の命婦、堤にありける家を人に売りてのち、粟田といふ所に行きけるに、その家の前をわたりければ、よみたりける。

ふるさとをかはと見つつもわたるかな淵瀬ありとはむべもいひけり　（十段）

とある。家を売って転居することがしばしばあったが、その例にもなる。監の命婦は、粟田へ行く途中にその家の前を通り、人生の予想もできない変化をつくづくと感じたわけだ。

西山の家、東山の家

『更級日記《さらしなにっき》』には、ほんの一時だったが、西山に住んだことがみえる。長元九年（一〇三六）、父が赴任先から帰京した直後のことである。

東は、野はるばるとあるに、東の山際は比叡の山よりして、稲荷などいふ山まであらはに見えわたり、南は双《ならび》の岡の松風、いと耳近う心細く聞こえて、内にはいただきのもとまで田といふものの引板《ひた》ひきならす音など、ゐ中の心地していとをかしきに、月のあかき夜などはいとおもしろきを、ながめあかし暮らすに、知りたりし人、里遠くなりて音もせず。たよりにつけて、「何事かあらむ」と伝ふる人におどろきて、

思ひ出でて人こそとはね山里のまがきの荻に秋風は吹く

といひにやる。

と、その住まいからの眺望、環境などが記されている。東は野が広々とあり、その向こうに比叡山が見え、さらに南に見渡していくと、伏見の稲荷山までがはっきりと見える。南

は双の丘で、そのこちら側はすぐ下まで田があり、引板（鳥獣を追い払う鳴子）の音が聞こえる。どこだか正確な場所はわからないが、双の丘より北、京の北の野の西側の山ということになろう。比叡山から稲荷山まで見渡せたのだから、京の町並みも見えたはずだ。書かれていないのは、視界が遮られ見えなかったからか。見えなかったとしても、比叡山、稲荷山、双の丘と、京を囲む有名な山を見ているのだから、京をすぐ下に意識したことはまちがいない。つまり、郊外に住んでいることを意識している。その年の十月に京に転居しているから、数ヵ月の住まいで、人から別荘でも借りたのかもしれない。

このような辺鄙《へんぴ》な住まいになると、知人からの便りもあまりないが、筆者はこの住まいをたのしんでいる感じが書かれている。一時的にせよ、京の町の生活から離れていることを嘆いているわけではない。隠遁したのでもないのにこのような態度でいられることは、郊外が都市的な生活のなかに定着していることを示している。

菅原孝標《たかすえ》一家は、一時的に東山にも住んでいる。万寿二年（一〇二五）四月末から九月頃のことである。

四月つごもり方、さるべきゆゑありて、東山なる所へ移ろふ。道のほど、田の、苗代水まかせたるも植ゑたるも、なにとなく青み、をかしう見えわたりたる。山のかげ暗う、前近う見えて、心ぼそくあはれなる夕暮、水鶏《くひな》いみじく鳴く。

たたくともたれかくひなの暮れぬるに山路を深くたづねては来む

と、その住まいへの道中、住まい始めての感じが書かれている。転居の途中では田園風景をたのしんでいる。先に引いた『蜻蛉日記』や『枕草子』の例を思い合わせると、田園をえがくのは郊外に出たときの様式だったといえそうだ。住み出してからは、京から離れたことにさびしさを感じているようだ。折にふれて京を思い起こし、山里住まいのさびしさを記している。

暁になりやしぬらむと思ふほどに、山の方より人あまた来る音す。おどろきて見やりたれば、鹿の、縁のもとまで来て、うち鳴いたる、近うてはなつかしからぬものの声なり。

秋の夜のつまに恋ひぬる鹿の音は遠山にこそ聞くべかりけれ

と、暁方に、大勢の人の足音と思い目覚めると、鹿が縁の側まで来た。近くで鳴くのを聞くと妙な声だと感じたという。鹿の鳴き声は遠く、つまり郊外で鳴くのを京で聞くのがいいというわけだ。ただ、万葉以来、京で聞く鹿の妻呼ぶ声という類型があるのに対し、郊外で直接身近に見ながら聞くことが違った印象をもたらすという実感を記していることに、郊外に住むことによる新しい文化、生活があらわれているといっていい。
この郊外の生活は、

知りたる人の、近きほどに来て、帰りぬと聞くに、
まだ人目知らぬ山辺の松風も音して帰るものとこそ聞け

と、知り合いがすぐ近くまで来ながら寄りもしないで帰ることがあるように、きわめて都近くに固有のものであった。遠くに住んでいれば寄らないで帰ることはありえない。来た側も、鄙《ひな》がさびしく、都から来た人がいればなつかしいからだ。ちょっと郊外に出て、知り合いがいても寄る時間がないといった状況である。

山　里

このような郊外暮らしは「山里」と表現され、平安中期から歌にもよく詠まれるようになる。『更級日記』でも、

八月になりて、二十余日の暁方の月、いみじくあはれに、山の方は木暗く、滝の音も似るものなくのみながめられて、
思ひ知る人に見せばや山里の秋の夜深き有明の月

と、山里の秋を情趣のわかる人に味わわせたいと詠んでいる。この東山滞在中に山里を詠む歌はもう一首あり、一つの文化として定着していたことを示している。その意味でいえ

ば、この東山滞在の四、五ヵ月は山里生活体験の期間だったといえそうだ。三つの箇所を引いたが、短い状況を語る文と歌の型で書かれ、典型的な山里文芸といえる。ということは、やはり都から離れていることを真にさびしがっているというよりは、都市生活の一端としての郊外文化を実演しているといったほうがいいように思える。

九月には、京に戻っている。「京に帰りいづるに、わたりし時は水ばかりに見えし田どもも、みな変はりはててけり」と、途中の光景を記す。「変はりはててけり」とあるから、収穫後、水も落とされた田を見たのだろう。その後、十月末に、

あからさまに来て見れば、木暗う茂りし木の葉ども、残りなく散り乱れて、いみじくあはれげに見えわたりて、心地よげにささらき流れし水も、木の葉にうづもれて、あとばかり見ゆ。

水さへぞすみたえにける木の葉散る嵐の山の心ぼそさに

と、東山の住まいを訪れた時の記述もある。「あからさまに来て見れば」とは、つい最近まで暮らしていた家を見に来たことを示す。ちょっと見に来ることのできるくらいに近くであった。こういう態度も、郊外生活のものといえよう。

平安期の歌にはしばしば「山里」が詠まれているが、その「山里」について、小町谷照

彦の論がある（「藤原公任の詠歌についての一考察」〈『東京学芸大学紀要』二三、一九七三年二月〉）。『万葉集』には「山里」はみられず、『古今集』からみられるが、「山里は冬ぞさびしさまさりける人目も草も枯れぬと思へば」（源宗于　冬　巻六・三一五）のように、「さびし」「わびし」などの語に象徴される寂寥《せきりょう》・憂愁という一貫した色調がある。しかし、『拾遺集』になると、それまで都に視座を据えて都との異和感や隔絶感によってとらえられてきた「山里」が、「山里の家居は霞こめたれど垣根の柳末《すゑ》は外に見ゆ」（弓削嘉言　雑春　巻一六・一〇三二）のように、積極的にその世界に入り込んで、調和感や親近感によってその美をとらえ直そうとする姿勢がみられるというのである。

『拾遺集』は『源氏物語』とほぼ同時代のもので、平安の中期の歌を中心にしている。その時代に、京とは異なった価値で「山里」が捉えられるようになったということである。「山里」といっても、平安貴族、都市人たちのことだから、郊外の外れの里である。そのような住まいは、平安初期には出家遁世的な世界か、たまに出かける逍遥、遊猟の場であったが、そういう意味はもち続けながら、そこで接する自然を、都とは違った感じ方で受け止めるようになっているわけだ。『更級日記』の「思ひ知る人に見せばや」も、「山里の夜深き秋の有明の月」に心がひかれている。この『更級日記』に象徴されるように、「山里」に住むことがごく普通にあるようになり、生活の場になったことがこのような変化をもたらしたといえよう。

御霊を鎮める場所

船　岡

京の郊外には御霊《ごりょう》を鎮める社が、紫野若宮《むらさきの》、花園社、祇園社と建てられた。北野社も御霊社的な始まりをもっている。郊外といっても、京のすぐ外側である。それは、御霊社が都にとっての最終的な霊的な防御の位置にあることを示している。そしてまた、京の罪や穢《けが》れを引き受ける場所でもあった。それらの御霊社のうちから、船岡とそのすぐ近くの紫野の若宮を中心にして、御霊社の京における意味を考えていく。

害虫を祓う

平安京は四神相応の地として選ばれた。船岡山は北の玄武《げんぶ》にあたるとされている。

船岡は内裏の真北にある。山上には墳墓ではないかとされている古い岩の遺跡があるが、これに意味があるかどうかはわからない。ただ、船岡の名がみえる最初の史料が次のものであることは、船岡の平安京における意味を象徴しているように思える。

従五位下《じゆごゐのげ》行備後権介《ぎやうびんごのごんのすけ》藤原朝臣山陰《あそんやまかげ》、外従五位下《げじゆごゐのげ》行陰陽権助《ぎやうおんみやうごんのすけ》兼陰陽博士《けんおんみやうはかせ》滋岳《しげをか》朝臣川人《かはひと》等を遣して、大和国吉野郡高山において祭礼を修さしむ。董仲舒《とうちゆうじよ》祭法に云はく、螟《ずゐむし》螣《わ》きて五穀を賊害するの時、害食の州県内の清浄の処において、これを解きこれを攘《はら》ふ、故にこの法を用ふ。前年、陰陽寮に命じて、城北の船岳においてこの祭を修す。今またここにおいてこれを修す。蓋《けだ》し清浄の処を択《えら》ぶ。(『三代実録』貞観元年八月三日)

要するに、秋の収穫の頃、五穀につく虫を祓《はら》った。なぜわざわざ吉野まで行ったのかよくわからないが、奈良時代における吉野の境界的な位置と関係しているのではないか。その祭を前年に陰陽寮が船岡で行ったという。「城北の船岳」とあるから、京城の真北の船岡であることはまちがいない。船岡と吉野が同じような場所だったことになる。吉野は、神武《じんむ》天皇が日向《ひゆうが》から大和に入るのに、熊野で上陸し、吉野で国栖《くず》に出会った場所である。国栖は「尾ある人」とあり、鮎などの山の産物を献上するようになったとあるから、山人、それも異界の民である。熊野から大和への間はこの国栖などしか書かれていない。まさに境界の場所だった。逆にいえば、吉野から害虫を異界に送り出したわけだ。船岡も、そういう場所だったことになる。ただし、船岡は北の郊外のまっただ中にある。それが都市における境界的な場所の特性であろう。船岡は異界に通じる場所だった。

しかし、都市の郊外で五穀に害をなす虫を祓うというのも妙な気がする。国家的な祭祀と考えるほかない。ならば、農民だけが百姓ではないから、都市における穢れなどもともに祓ったと考えるほうが自然だろう。船岡は京中の穢れを集め、異界に送り出す場所でもあったはずだ。仁和三年（八八七）八月八日、羽蟻が大蔵正蔵院から天に群れ飛び、船岡に続いて、虹のようだったというおかしな記事がある（『三代実録』）。京中の羽蟻が船岡に向かったかのようだ。

疫神を送る

正暦五年（九九四）六月、疫病が流行した際、御霊会を船岡で行っている。この時の流行はそうとうなものだったらしく、『日本紀略』の同年五月十六日には「疫疾を免れんが為に、諸人油小路の井水を汲む」と、六月十六日には「妖言に依り、諸人門戸を閉ぢて往還せず」と記されている。油小路の井戸の水を飲めば疫病に罹らない、治るという噂が広がり、それが効き目がないとわかると、ひたすら家に籠ったという。「妖言」つまりあやしい噂が飛び交い、人々は右往左往したのである。そして、六

月二十七日、
　疫神のため、御霊会を修す。木工寮《もくれう》修理職《すりしき》、神輿《しんよ》二基を造り、北野船岡上に安置す。僧を屈《こ》ひ、仁王経《にんわうきやう》の講説を行はしむ。城中の人、伶人《れいじん》を招き、楽を奏す。都人士女、幣帛《へいはく》を貢持す。幾千万人を知らず。礼了りて、難波海に送る。これ朝儀にあらず、巷説より起こる。

というように、船岡で御霊会が行われた。神輿を作り船岡から難波へ、難波から海へ送った。もちろん、疫神を異界に送り出すためだ。したがって、京中の疫神を船岡に集め、そこから海へ送ったことになる。これは普通の道順ではない。難波に送るなら、南西の郊外のほうが近い。ということは、船岡が京と異界との境界だったことになる。

設楽神

　逆の例がある。長和元年（一〇一二）二月八日、設楽神《しだらがみ》と呼ばれる神が鎮西より上洛し、船岡紫野に着いたことがあった（『百練抄』巻四）。これも、西から登ってきた神が船岡に来たのである。京に入ろうとしたのだと思う。

　この設楽神については、天慶八年（九四五）に九州から京に向かい、石清水八幡に留まったという記録がある。『本朝世紀』によって経緯を示すと、

七月二十五日　志多羅《しだら》神と号する御輿《みこし》三前が、辰《たつ》の剋《こく》（午前七〜九時）に摂津国河辺郡

の方から、数百人に担がれて豊島郡に着いた。その日の朝から翌朝まで、道俗男女、貴賤老幼、あるゆる人々が集まって市をなし、歌舞をした。

二十六日　辰の剋に、御輿を担ぎ上げ、歌舞をし、幣《ぬさ》を捧げて持ち、島下郡に向かった。一の御輿は檜皮葺《ひわだぶ》きで鳥居をつけ、文江自在天神《ぶんこうじざいてんじん》と称し、二の御輿は檜葉で葺いて、鳥居はない。

二十九日　酉《とり》の剋（午後六時頃）ばかりに、突然、摂津国島上郡から、数千万の人々が取り囲んで歌舞し、幣を捧げながら、三前《みまえ》の御輿が山崎にやってきた。亥《い》の剋（午後十時頃）ばかりに、女にその神が憑いて、「吾は石清水に早く行きたい」と託宣した。

八月一日　郷々の上下貴賤の人々が自然に集まってきて、石清水八幡に移し申し上げた。六前の神で、うちの一は宇佐八幡大菩薩と号した。

というようになる。表記は違ってもシダラ神という名から同じ神だと考えていい。この神の特徴は、移送されながら大きくなっていくことにある。数百人で三前の御輿を担いでいたのに、五日後には六前、数千万人になっている。京に近づくにつれ、どんどん膨れ上がったのだ。幣を捧げ、御輿を取り巻いて歌舞しながら移動していくなかで、出会う人々を巻き込んでいく熱狂がうかがわれる。これを、日常生活や仕事も顧みないでのわけのわからぬ行動とみれば、狂気だ。何かに憑かれたように歌舞し土地を離れて移動する。病と同じだ。その意味で、志多羅神を「一種の疫神」（柴田実『中世庶民信仰の研究』角川書店、一九六六年）と考えてもいい。

その後、この神がどうなったか記録はない。長和元年の志多羅神の事件は、石清水八幡に留まっていた七〇年近く前の天慶八年（九四五）の設楽神の記憶が蘇ってきたのかもしれない。だとすると、天慶八年の神の後日譚になる。しかし、そうではないと思う。『本朝世紀』の天慶八年の志多羅神の記事の前に、このごろ、志多羅神、あるいは小藺笠《こいかさ》神、あるいは八面《はちめん》神という神々が東西の国から入京するという噂が民間でなされていると記されている。ここに並べられた志多羅神、小藺笠神、八面神という神名は同一神、あるいは三前に対応するものと考えられているようだが、「東西国より諸神入京す」という言い方を受けると考えれば、諸神にあたる可能性がある。東からも西からも諸々の神々が京を目指して上って来ようとしていたのである。ならば、長和元年の設楽神はふたたび九州から上ってきたと考えるほうがいいと思う。繰り返し、方々から神々が京に入ろうとうかがっていた。

天慶八年の場合、結局、七月二十九日に石清水八幡に行きたいという神の託宣があり、八月一日には宇佐八幡だと名告《なの》っている。もちろんこれも託宣である。志多羅神は八幡として、ゆかりの石清水八幡に鎮座したことになる。たぶん、熱狂もここでおさまった。しかし、志多羅神は宇佐八幡だったわけではない。それがこの二つの託宣によって、石清水八幡に結びつけられたのである。神の正体を知ることが神の鎮め方だった。

京を目指していたはずの志多羅神が石清水八幡に留まった。ということは、石清水八幡が京への防御の役割をはたしていたことになる。それより西との境界に位置するのが石清水八幡なのだ。長和元年の場合、船岡に来ている。この場合も京を目指していたが、船岡に鎮座したのだと思う。九州からの上京だから、必ず山崎、つまり石清水八幡の側を通過したはずだ。どうしたわけだかそこを通過し、船岡まで来てしまった。この山崎から船岡までの道順も、京へ入ろうとするならおかしい。淀川から桂川を溯り、京の北に行くことはできるが、京が目標なら、南から入るのが自然だろう。

船岡は石清水八幡のさらに内側の京との境界だったといえる。船岡が京の最終的な防御の役割をもっていたのだ。先の疫神を集め船岡で御霊会を行い、難波《なにわ》に連れていって祓うことと逆の道程であることで、船岡の京にとっての意味が明らかになる。しかし、こういう例は他にはみあたらない。霊の問題であり、実際の交通には山崎から船岡を通って京へというようなことはなかった。

墓所・処刑場

船岡が京の境界的、霊的な場所だったことは以降も続く。その一例は墓所だったことである。平安期では、万寿二年（一〇二五）に、後の後朱雀《ごす ざく》天皇の尚侍《ないしのかみ》藤原嬉子《よしこ》が船岡で火葬されている（『日本紀略』『左経記』）。『栄花物語《えいが》』では、遺骸は岩蔭《いわかげ》（葛野郡衣笠村大字大北山。北区衣笠鏡石町。左大文字山の麓東。一条院の御茶毘所《だび》）へ移送され、茶毘にふされている。「かかるほどに、船岡の南のかたに、火こそほのめきてただならずあはれなる事ぞ見ゆる」と書かれ、その火は嬉子に親しく仕えていた小左衛門が同じ日に亡くなり、近くで茶毘にふしている火だったという（巻二六「楚王の夢」）。

中世に下るが、西行撰と伝承された『撰集抄《せんじゆうしよう》』には、「限りある命尽きなん後は、いたづらに朽ち果てて、鳥辺、船岡の煙とのぼり」（三一話）、「鳥辺山の煙絶えず、船岡の死人ひまさらず、あはれなるかな、いづれの時にか、船岡、鳥辺のほとりに屍をさらして、むなしき名のみ残さん」（一一九話）のように、鳥辺野と並ぶ京の墓所だったことがみえる。吉田兼好の『徒然草《つれづれぐさ》』一三七段にも、「鳥部野、船岡」と並べられている。中世では、二大墓所だった。

保元の乱（一一五六年）で捕らえられた源義朝《よしとも》は船岡で斬刑になっている（『兵範記』）。義朝の弟たちが斬られたとする伝えもある（『保元物語』）。『兵範記』によれば、処刑は船岡の他に、大江山、六波羅《ろくはら》で行われた。六波羅は検非違使《けびいし》が置かれており、処刑は当然だったとして、大江山と船岡の処刑は、異界への入口だったからだろう。

その意味では、『百練抄《ひやくれんしよう》』の伝える承安四年（一一七四）七月十五日の「船岡野において、身焼く上人あり。上下群を成す」という記事も加えられる。自ら火をつけて自分の身を焼いてあの世に行った上人を見るために人々が群れをなして集まったという。いわゆる末法の頃で、自らこの世を去る者が多くいた。その日は予告され、人々が集まって拝んだ。自分の罪、穢れをともに背負ってあの世にいってもらうためだろう。刑死を見に集まるのも同じことと思う。見せしめではない。

子の日の小松引き

船岡は遊覧の場所でもあった。『枕草子』には、「岡は船岡、片岡。鞆岡《ともをか》は笹の生ひたるがをかしきなり。かたらひの岡。人見の岡」（二三四段）と並べられ、趣深い場所と思われていたことが知られる。とくに正月子《ね》の日の小松引きに船岡へ行く場合が多かったようで、『栄花物語』巻一「月の宴」に、康保元年（九六四）の為平《ためひら》親王の遊覧がみられる。語り手が、村上天皇が幼かった為平親王に若い貴族たちを多く供につけて行かせたことを、

をかしき御狩衣《かりぎぬ》装束どもにて、さもをかしかりしかな。船岡にて乱れたはぶれたまひしこそ、いみじき見物なりしか。后《きさい》の宮の女房、車三つ四つに乗りこぼれて、大海の摺裳《すりも》うち出したるに、船岡の松の緑も色深く、行く末はるかにめでたかりしことぞや。

と回想している。出発前に、天皇が鷹飼、犬飼のようすを見せており、狩に出かけたことがわかるから、遊猟といったほうがいいようだ。「松の緑も色深く、行く末はるかにめでたかりし」とは、子の日の小松引きにかけられた言い方である。遊猟が狩だけでなく、小松を引き抜いたり、「乱れたはぶれ」、つまり男女や身分の隔てを取り外してたわむれ遊んだりするものだったことが知られる。

同じ『栄花物語』巻七「鳥辺野」には、円融《えんゆう》天皇の后詮子《あきこ》が崩御した翌年長保四年（一〇〇二）の子の日に、

正月七日子の日に当りたれば、船岡もかひなき春のけしきなるに、左衛門督《さゑもんのかみ》公任《きんたふの》君《きみ》、院の台盤所にぞとありし、

誰がための松をも引かん鶯《うくひす》の初音かひなき今日にもあるかな

とあれど、人々これを御覧じて、詠みたまはずなりぬ。

と、藤原公任が悼みの歌を詠んだことが記されている。院とは、無くなった藤原詮子が出家して女院と呼ばれていたからである。公任の歌は、船岡での遊猟が鶯の初音を聞くもの、つまり季節の変化を受感するものであったことも示している。

船岡が子の日の小松引きの場所として定着していたことは、同じ『栄花物語』巻十一「つぼみ花」の長和三年（一〇一四）正月の、

あらたまの年立ち返りぬれば、雲の上もはればれしう見えて空を仰がれ、夜のほどに立ちかはりたる春の霞も紫に薄く濃くたなびき、日のけしきうららかに光さやけく見え、百千鳥もさへづりまさり、よろづみな心あるさまに見え、枝もなかりつる花もいつしかと紐をとき、垣根の草も青みわたり、朝《あした》の原も荻の焼け原かきはらひ、春日野の飛び火の野守も、万代の春の初めの若菜を摘み、氷とく風もゆるく吹きて枝を鳴らさず、谷の鶯も行く末遥かなる声に聞こえて耳とまり、船岡の子の日の松も、いつしかと君に引かれて万代を経んと思ひて、ときはかきはの緑深く見え、甕《もたひ》のほとりの竹葉《ちくえふ》も末の世遥かに見え、階《はし》の下の薔薇《さうび》も夏を待ち顔になどして、さまざまめでた

きに、朝拝《てうはい》より始めてよろづにをかしきに、宮の御方の女房のなりども常だにあるに、
まいてものあざやかに、薫深きもことはりと見えたり。

という叙述の、「船岡の子の日の松も、いつしかと君に引かれて万代を経んと思ひて、ときはかきはの緑深く見え」というような言い方からいえる。船岡に行ったのではなく、新春に天皇の永遠に栄えることを願う文脈のなかに出てくるわけで、この社会にとって、小松引きといえば船岡と連想されるだけの共通の認識があったことを示している。

この文章は、自然と人とのかかわりがよくみえるものでもある。年が変わったとたんに、宮中も晴れ晴れと仰がれ、霞もたなびき、日もうららかに明るく見え、鳥たちのさえずりもにぎやかで、すべてが風情あるように見える、と語る。年の変化が即座に自然の変化としてあらわれてくるのである。「見え」という語をそう思うからそう見えるという心因にとるべきではない。「見え」は向こう側がそのように見せることをいう言い方なのである。つまり、自然の側が新春になったことをさまざまに示しているのだ。そして、そのあらわれが天皇の栄えることを自然の側もことほいでいることになる。人も自然もこの世の繁栄を祝うのだ。

船岡への子の日の逍遥は、他にも、円融院の例がある。『今昔物語《こんじゃくものがたり》』巻二八第三話には、

そのようすが語られているので引いておく。

円融院の天皇、位去らせ給ひて後、御子《ね》の日の逍遥のために、船岡といふ所に出でさせ給ひけるに、堀河院より出でさせ給ひて、二条より西へ大宮まで、大宮より上りにおはしけるに、物見車所無く立て重ねたり。上達部《かんだちめ》、殿上人《てんじやうびと》の仕れる装束、書かむにも書き尽くすべくもあらず。院は雲林院の南の大門の前にして御馬に奉りて、紫野におはしまし着きたれば、船岡の北面に小松所々に群がり生ひたる中に、遣水《やりみづ》を遣り、石を立て、砂を敷きて、唐錦《からにしき》の平張《ひらはり》を立て、簾《すだれ》をかけ、板敷きを敷き、高欄《かうらん》をぞして、そのめでたきこと限りなし。

よりくわしい記述が『大鏡《おおかがみ》』裏書にあり、それによれば永観三年（九八五）二月十三日のことらしい。「この宮廷行事はもと正月のもので、藤原時代以降、二月の行事になる」（新潮古典集成本頭注）というが、長保四年の例はこの円融院以降のもので、かならずしもそうはいえない。『続日本紀』天平十五年（七四三）正月十二日が初見で、正月子の日、岳に登って四方を望み陰陽の気を受けた中国民間の習俗に由来するという。

船岡の北面の小松が所々に生えているなかに遣水を引き、石を立て、砂を敷いた。つまり、自然のままの状態に触れるのではなく、川が流れ岩があるという理念の上の自然らしさに接している。『大鏡』裏書には「幔《まん》の内に御前に当たりて、小松を切り白砂を敷き満つ。勝遊の叡覧に備ふる為、強《あなが》ちに自然の風流を学ぶ」とある。いうならば、自然のなかに自然にならって庭園を造った。それを「自然の風流を学ぶ」といっている。これが自然との接し方だったのである。やはり、基本的に自然は荒ぶるものであり、直接ふれるのは危険だった。自然と人が接触するとは、たがいにそのままの姿ではなかった。人はそれなりの服装をして出かけた。まさに郊外的なあり方である。

紫野の今宮

船岡のあたりの野を紫《むらさき》野《の》といった。円融院の船岡遊覧も、『大鏡』裏書では「紫《むらさき》野《の》子《ねの》日《ひの》事《こと》」とある。紫野と船岡は一体のものと考えられていたようだ。船岡そのものについては、正暦五年（九九四）以外御霊会の記録はないが、紫野の御霊会はある。長保三年（一〇〇一）に疫病が流行した際に今宮《いまみや》と呼ばれる社も作られた。

今宮の創建

『日本紀略』の五月九日の記事によれば、

紫野において、疫神を祭る。御霊会と号す。天下疫疾によりてなり。この日以前、神殿三宇《さんう》、瑞垣《みづがき》等、木工寮修理職《もくれうすりしき》の造る所なり。又、神輿《みこし》、内匠寮《うちのたくみ》これを造る。京中上下多くこの社に集会す。今宮と号す。

とある。社は五月九日以前に造られていた。前年である可能性もある。どちらにしても、疫病がはやり、社が建てられ、神輿が造られた。先の船岡の例のように、神輿に疫神を移し、どこかに祓ったのかもしれない。しかし、疫病は一時的なものだから、社が建てられ、恒常的に信仰されるものではないはずだ。後に取り上げるが、花園社は疫神が鎮座したいと託宣したゆえ、社が建てられた。この紫野の今宮もその可能性がある。たぶん、さまざまに託宣があるものだと思う。要するに、噂が立つのではないか。最初にあげた正暦五年（九九四）の疫神の流行の際、油小路の井戸の水がきくという噂がたつと、人々はそこに集まるということを述べたが、祟《たた》りから逃れる方法はいわゆる論理的に決まったものがあるわけではないから、誰かが言い出した噂がさまざまに試されることになるのだと思う。

そのような性格は、今宮と呼ばれることとかかわる。今宮とは今の宮、新しく造られた宮の意である。ということは、常に現在の神だということだ。原因も不明で突然起こる疫病の神は、まさに現在の捉え難さを象徴するではないか。平安期の美の評価の特徴をあらわす言葉に「今めかし」がある。都市は、本質的に伝統社会ではないから、変化する「今」を価値の基準にすることは自然だ。「今」とは若さ、荒々しさでもある。この今宮から、逆に平安都市生活の「今めかし」も考えられねばなるまい。

この社と神輿は、木工寮修理職や内匠寮という役所が造った。正暦五年の船岡の御霊会の際の神輿も、木工寮修理職が造った。もちろん、これは公の役所である。それゆえ公が関与しているかというと、そうではないらしい。正暦五年の御霊会は「朝儀にあらず、巷説（ちまたの噂）より起こる」と記されていた。そこに技術者が集中していたということを示すと思う。とすると、役所も民間の噂に動かされ、勤めている者たちがそれぞれの技術を発揮したことになる。いうならば、このようにして、公が巻き込まれてしまうのだ。公私の境目も壊されてしまう。これも、都市的なあり方なのだと思う。

今宮の御霊会

紫野の今宮の御霊会は、平安期では他に五回確認できる。

寛弘五年（一〇〇八）五月九日「紫野御霊会。諸司諸衛、神供《しんく》の東遊《あづまあそび》、馬十列等を調へ、参向す」（『日本紀略』）

長和四年（一〇一五）六月二十日「京人、花園辺に神殿を建立し疫神を祠る。疫神の託宣に依るなり」（『百練抄』）

寛仁四年（一〇二〇）五月九日「紫野御霊会」（『日本紀略』）

治安元年（一〇二一）紫野御霊会（『日本紀略』）

永承七年（一〇五二）五月二十九日「天安寺東寺新造神社、御霊会を行ふ、疫病を止

むべしの御示現に依るなり。世に祇花園社と曰ふ」（『百練抄』）

他に御霊会と関係すると思われる「夜須礼《やすらい》」もあげておく。

仁平三年（一一五四）四月「近日、京中の児女、風流を備へ、鼓笛を調べ、紫野社に参る。世、これを夜須礼と号す。勅ありて禁止す」（『百練抄』）

寛弘五年、寛仁四年がいずれも五月九日で、長保三年の御霊会がそうだったから、その日に御霊会が行われるのが定例になった可能性がある。疫神は歌舞、馬で祀るものだったことが知られる。これは、賀茂神社の祭と通じる。この歌舞は、志多羅神の熱狂的なものと通じるはずだ。一時的なものが流行するとは熱狂の活力だからだ。そして、ここに「今宮」と呼ばれる「今」の若さ、荒々しさ、変化を加えれば、仁平三年の「夜須礼」の流行を想定するのは容易だろう。子女が今風、珍奇な姿で、今風、珍奇な歌舞をし、それが京中に流行ったのである。「夜須礼」はヤスライ、安らかにする、鎮めるの意で、虫祓えなどの行事と通じる。

花　園

花園の御霊会

長和四年（一〇一五）の夏に疫病が大流行した。藤原実資《さねすけ》（九五七〜一〇四六）の日記『小右記《しょうゆうき》』の同年六月二十五日の記述によれば、

西京花園寺の坤《ひつじさる》の方紙屋河《かみやがは》の西頭に、新たに疫神社をトす。これ、西洛の人の夢想、云々。あるは云ふ、託宣、云々。今日、東西の京師《けいし》の凡庶《ぼんしょ》、首を挙げ御幣《ごへい》を捧げ神馬を具へて社頭に向かふ。云々。

という。花園寺は、先に清原夏野《なつの》の山荘が双《ならび》の丘にあったことを述べたが、それが天安寺となった。その寺のことか。『百練抄《ひゃくれんしょう》』ではただ「花園辺」とある。とにかく、この年の疫病の大流行で、花園に疫神社が建てられた。直接のきっかけは、西京の人が夢にお告

げをえたか、託宣があったかといわれているという。いうならば噂が立ち、人々がそれに乗ったわけだ。噂から行動に移るには、やはり熱狂が必要である。疫病の流行という異常な事態が人々に社を建てさせた。

託宣により、疫神の社を建てた。それで疫病は鎮まったのだろうか。『小右記』は社建立以降のことも記す貴重な史料でもある。二十九日の記述に「花園疫神祟祀の後、病患弥《いよいよ》倍《ま》す」とある。二十五日に「花園今宮御霊会始め行ふ」ことがあったが、その祭祀の後、疫病はますます勢いを増したというのである。実資が合理的な考え方をする者であったことを示すといえるが、実際、疫病が鎮静することはなかったのだろう。その意味では、この社への人々の参詣は衰えたに違いない。油小路の井戸の例もある。その程度に考えていいと思う。

復活する神

かといって、この社がそのまま衰退したわけではない。四〇年後に、また信仰された可能性がある。藤原資房（一〇〇七〜五七）の日記『春記《しゆんき》』の永承七年（一〇五二）五月二十八日に、

天晴。近曾、西京の住人夢に神人を称する者来たりて云はく、「吾これ唐朝の神なり。住む所無くこの国に流れ来たるに、已《すで》に拠る所無し。吾到る所悉《ことごと》く以て疫病を発

す。もし吾を祭り、称して住むの所を作らば、病患を留むべきなり。ただし吾瑞想を表し汝に示す。その所を以て吾が社とすべきなり」と。件の人、又西京の並の寺の傍らに光耀あるを見る。その光此所に下り居る、云々。この事を普《あまね》く郷里に告ぐ、云々。東西の京の人々相挙げて、すなはちそこに向かひ、社屋を立つ。又諸府人等、祭礼を致す。隣里の郷党雲集して饗応す、云々。この夢誰人か知らず。後のためにここに記す。世、今宮と号す、云々。

という記述がある。西京の人の夢のお告げ、双の丘の寺の側と状況が似ているから、この今宮の創建は長和四年のことだろう。四〇年後に社の創建が蘇るのは、この頃疫病が流行し、人々がふたたび信仰したためだろう。あるいは、定着して信仰を集め、今宮と呼ばれていた。もちろん、今宮とは紫《むらさき》野《の》と同じ名である。流行の神ということだ。その意味で、すたれたり復活したりしていたのではないか。宮田登が、日本の神信仰の一つの特徴として、祀り捨てるということをあげている（『神道宗教論』岩波書店、一九九六年）。江戸時代の事例だが、日本の民間の神信仰は突然流行り、忘れられ、また突然復活する場合が多いという。この疫神信仰は、江戸も平安も同じだ。

『春記』の今宮創建の話は、先に引いた『小右記』より詳しく、このような信仰の特徴がよく出ている。まず、疫神は唐の神だと名告《なの》った。要するに、なじみない異国の神だということである。対処しようのない疫病の大流行の原因としてふさわしい。西国から熱狂的に京に向かってきた志多羅神という意味不明の神名と通じている。次に、誰だかわからない者から始まって噂が広まり、人々が信仰する構造が明瞭に書かれている。そして、「諸府人等、祭礼を致す」と民間の噂にもかかわらず、公を巻き込んでいっている。『続古事談』には、この際のようすを「兵衛府《ひやうゑのふ》生時重《しやうときしげ》を始めて六衛府の者ども社を作りて御霊会行ひけり」と伝えている。武士たちが社を作る技術をもっていたはずはないから、かれらが費用をだすか、権力を行使して技術者につくらせたことになる。その意味で、船岡の御霊会、紫野の今宮の場合も、木工寮などの技術者だったからというよりは、公に意味があるといえる。民間から始まり、公をも巻き込むのがこれらの信仰の特徴なのだ。なお、『続古事談』では、この社を「花園の社」と記している。

その他の御霊会

祇園社

御霊の神社として最も有名なのは祇園社だろう。創建は、『二十二社註式』によると、陽成院元慶年中（八七七〜八八五）という。はじめ播磨明石浦に降臨し、後に白河東光寺に移り、感神院に鎮座したのが元慶年間という。史料上の初見は、関白太政大臣藤原忠平（八八〇〜九四九）の日記『貞信公記』延喜二十年（九二〇）閏六月二十三日の「咳病を除くために、祇園に幣《ぬき》・走馬《はしりうま》を奉る」である。咳病は喘息か。祇園は疫病だけでなく、病一般を直す神として信仰されたようだ。はじめての御霊会は、『二十二社註式』によれば、天禄元年（九七〇）六月十四日のことのようである。ただし、平親信《ちかのぶ》（九四六〜一〇一七）の日記『親信卿記』天延二年（九七四）には五月下旬に祇園御霊会が始まったとある。この時には祇園は天台別院になっており、祇園が比叡山の権力に組み込まれているから、この御霊会は貴族たちの行事かもしれない。『日本紀略』の天延三年（九七五）六月十三日条には、

公家。走馬幷に勅楽東遊《あづまあそび》御幣等を感神院（祇園社）に奉らること、今年より始む。これすなはち、去年秋、疱瘡《はうさう》の御悩による。今、賽《まつ》らるなり。この日、太政大臣（藤原兼通）感神院に参向す。公卿上官供奉す。中宮職幣を同社に奉る。東遊等あり。使亮従四位下藤原季平《つかひの》。（『日本紀略』）

とある。前年、天皇が疱瘡に罹り、祇園の感神院に祈願し平癒したお礼として勅使が遣わされ、走馬、勅楽、東遊などが奉納され、これが祇園社に公の奉納が行われる始まりだという。天延二年の疱瘡の流行はひどかったらしく、『親信卿記』の同年七、九月にも記されている。『親信卿記』は同時代の日記だから信頼性がある。五月下旬に御霊会が行われたのも事実だろう。この時の疫病の流行には祇園社が効力があると噂され、信仰され、それが天皇にまでおよんで、公の奉幣が行われるようになったのである。他の社が衰退したにもかかわらず、祇園だけが残っていくのは権力と結びついたゆえだろう。

民間ではもっと古くから信仰を集めていたし、幣帛《へいはく》を奉ることも行われていたようだ。

天慶五年（九四二）六月二十一日に東遊、走馬十列を祇園社に奉ったという記録がある（『日本紀略』）。その際、東西の賊が奉納物を奪おうと争ったらしい。賀茂《かも》社の祭に騎馬の者たちが争うので他国者を禁止したこと（三九ページ参照）を思い合わせられる。都市的な神の荒々しさ、「今」という性格があらわれているわけだ。

祇園といえば牛頭《ごず》天王だが、牛頭天王との結びつきは元慶年間（八七七〜八五）とされている。牛頭天王は仏教の守神で、疫病退散との関係で信仰された。鎌倉初期に下るが、『とはずがたり』に牛頭天王の託宣の話があるのであげておく。弘安（一二七八〜八八）頃のことで、筆書の源雅忠の娘後深草院二条が祇園社に参詣する。

やうやう神垣の花ども盛りに見ゆるに、文永（一二六四〜七五）の頃、天王の御歌とて、

神垣に千本の桜花咲かば植ゑおく人の身もさかえなむ

といふ示現ありとて、祇園の社におびたたしく木ども植ゆることありしに、まことに神の託したまふ事にてもあり、又我身も神恩をかうぶるべき身ならば、枝にも根にもよるべきかはと思ひて、……。

という、桜を植えよとの託宣が歌で示された話である。歌は、桜を千本植え、花が咲く頃

には植えた人も栄えるだろうという意。この託宣によって、祇園社には多くの桜が植えられた。後深草院二条はその桜を見、託宣の歌を思い起こし、自分も神恩を受けたいと思っているわけだ。直接御霊信仰と関係するようにみえないが、祇園が社として定着していたということだろう。

衣笠山の御霊会

その他の御霊会では、衣笠山がある。『日本紀略』寛弘二年（一〇〇五）七月十八日の一例しかみあたらない。衣笠山は、現在の京都市北区と右京区の境、大北山南端の一峰で、山麓は別荘地ともなり、藤原公経《きんつね》の北山殿などがあった。これも郊外で、双《ならび》の丘の場合と共通する。遊覧の地という意味では船岡とも共通する。

御霊信仰、御霊社の特徴

最後に御霊社の特徴を整理しておこう。

①御霊社は京のすぐ外の郊外に建てられる。船岡の御霊会および志多羅《しだら》神の上京で述べたように、これは、都の中の罪、穢《けが》れなどを集め、そこからさらに外に祓う場所であることを示す。

②御霊信仰は都市生活のなかで生み出された。御霊社が今宮と呼ばれるように、「今」が問題になる社会において、御霊信仰は生み出

される。そういう社会は都市だ。村落的な、昔ながらの生活に最も価値を置く世界とは異なり、都市は、いろいろの地域からその文化、言葉をもった人々の集まる場所ゆえ、伝統に依拠することはできない。もちろん、天皇を中心とする貴族と神話に根拠をもっている。しかし、物語、日記などにみられる貴族社会は、「古めかし」よりも「今めかし」を好んだ。「古めかし」は「ひなび」と、「今めかし」は「みやび」と対応した。伝統、有職故実《ゆうそくこじつ》を重んじながら、貴族の生活はまさに都市的な「今」を重視するものでもあった。美を競い合うこと自体、「今」の文化なのだ。この競い合いは、個人の能力や感性を発揮し合うことによる。つまり、個人に依拠した社会でもあるのだ。その個人を包むものとして、家や氏族、階級があった。

そして、方々の地域の人々が出入りする都市は、文化と文化、個人と個人が摩擦をもつ場所であった。その意味で、人々は常に誰かを傷つけている可能性があり、意識するにしろしないにしろ、後ろめたさを抱えていなければならなかった。藤原師輔《もろすけ》（九〇八～六〇）の、貴族として生き家を繁栄させるための心得を子孫へ示した『遺誡』には、きちんとした服装で出仕すること、人中で多くしゃべってはいけないこと、人の行動をとやかくいってはいけないこと、人の噂をしてはいけないことなどを語っている。これは、現代にも通じる、都市的な生活規範ではないか（古橋『古代都市の文芸生活』大修館書店、一九九四年）。人の怨みをかわないためにどうするかである。逆にいえば、このようなことを問題にしなければならないのが貴族社会、都市なのだ。このような無意識の、処理されない怨みや妬みが御霊信仰を醸成した。菅原道真《すがわらのみちざね》の場合が典型的だ。

また、疫病は疫神が起こすと考えられたが、基本は、唐神と名告《なの》った場合があったように、外からさまざまなものが入り込む都市の性格の象徴としていい。都市は異文化、異界のものの流入に常に晒されていた。

③御霊信仰は託宣がつぎつぎに下り、噂が蔓延するものだった。

疫病は突然理由もわからず始まり、対処方法もわからず蔓延するものだから、人々を恐怖に陥れた。そういう場合、救われるものなら受け入れるという状況ができる。神がこういったというような噂が次々と流れた。たぶん、託宣として残されているものは、そのなかの中心的なものと思われる。

④御霊信仰は民間から始まり、公をも巻き込むものだった。

疫病が突然理由もわからず始まるということは、民間から始まるということだ。民間の無名性が疫神の横行と結びついた。疫病は貴族たちにも広がるから、御霊会に貴族が巻き込まれるのは当然だ。しかし、そういうより、民間の狂気が貴族社会にまで及んでいくと考えるほうがいいと思う。まず民間の都市人でもあり貴族社会と密接にかかわる下級の役人たちを巻き込み、政治の中枢に及ぶ。政治の動向だろう。

郊外の怪異

迷わし神

郊外の神

『今昔物語《こんじやく》』二七巻四二話に次のような話がある。長いので概略を示す。

三条天皇の時代（一〇一一～一六）、石清水への行幸に供奉した左京属《さかん》邦利延《くにのとしのぶ》は、九条までで仕事がすんだはずが、どうしたわけか、長岡の寺戸《てらと》まで行ってしまった。行き過ぎる者がこの辺には「迷《まど》わし神」がいるといい、利延もそう聞いているなどと答えて行くうちに、日が傾いてきた。もう山崎に着くはずなのに、長岡の辺を過ぎ乙訓《おとくに》川（大枝山から出て大原野の東を流れ桂川に流れ込む川）の辺を行くと思うとまた寺戸の岸を上っている。寺戸を過ぎ乙訓川に来て渡ると思うと、先ほど通った桂川を渡っていた。日も暮れて夜になったので、寺戸の西の板谷のお堂の軒下で一夜明かし、翌朝、九条から「迷わし神」が憑《つ》いて引き回したのだと思い、西の京の家に帰った。

邦利延が実在の人物なのは『除目大成抄《じもくたいせいしょう》』に「長保二年（一〇〇〇）秋、左京少属従七位上国宿禰《すくね》利述《としのぶ》」とあることで確かめられる。左京の町役人である。行幸の際何事もないように自分の分担の地域を警護し、九条で仕事は終わりのはずだった。ところが、どうしたわけか山崎に向かってしまう。「迷わし神」に憑かれ引き回されたのである。説話の編者は「迷はし神に値《あ》ひたるは希有の事なり。かく心をも誑《たぶら》かし、道をも違へて謀るなり。狐などのするにやあらむ。これは利延が語りしなり。希有の事なれば、かく語り伝へたるとや」と最後に付け加えている。

迷わし神は、他に『今昔物語』に二例だけみえ、いずれも道に迷う例である。

東大寺の僧が花を摘みに東の山の奥に入ったところ、道に迷った。「我は何に成りぬるか。迷ひ神に値ひたる者こそ、かくはあるなり。何《いず》ち行くにかあらむ。あやしくもあるかな」と思いながら行くと、死んだ僧にあう。その僧から地獄の責め苦をみせられる。

（一九巻一九話）

春日《かすが》の宮司の甥の中大夫がいなくなった馬を探して、奈良の京の南の三橋から東の山ざまに行くうちに夜になる。おぼろ月。馬が草を食べているのが見えて、そこへいくと、根本が二間くらい、高さ二〇丈くらいの大きな杉の木がある。「迷わし神」にあって「思いかけぬ所」にきたのかと思う。従者が矢を射立てて、翌日見に来ようという。矢が当たると、杉は消える。翌朝、来てみると、老いた狐が杉の枝をくわえて死んでいる。（二七巻三七話）

一九巻一九話は他界に紛れ込むきっかけとして「迷わし神」に憑かれたとし、この世で罪を犯した者はあの世で責め苦にあうことを語る仏教の教訓的な話である。「迷わし神」が登場しなくてもかまわない。この種の話は『日本霊異記《りょういき》』以来語られているが、「迷わし神」に憑かれたと語るのはこの例だけだ。ただ、他界に紛れ込んだ理由を「迷わし神」に憑かれたとするには、この神が人々の共通の幻想としてなければならない。僧は「我は何に成りぬるか。迷はし神に値《あ》ひたる者こそ、かくはあるなり」と、自分のおかしな状態を「迷わし神」に憑かれたものと考えている。道に迷うのは、どこを歩いているか意識していないことによって起こる。その精神状態を「迷わし神」に憑かれたと説明するわけだ。その意味では、どの話も自分で「迷わし神」に憑かれたと思っているだけで、「迷わし神」そのものの姿が思い浮かべられるわけではないことがこの神の特徴といえるだろう。

二七巻四二話は、他界に紛れ込んだのではない。同じ場所をぐるぐる回っているだけだった。しかも、教訓話でもなければ、恐怖譚でもない。一日むだにしただけで、いうならば、たいした被害を受けたわけでもないのだ。「迷わし神」にからかわれただけだったといってもいい。この男がそれほど恐怖を感じたのでもないらしいのは、すべて見知っている場所を通っているだけだったこともある。見知っている場所とは、ふだんの行動範囲からそれほど出ていない場所ということだ。やはり郊外で起こったことなのである。山崎までの間で起こったことだった。見知らぬ場所は郊外の外側に広がっている。

かといって、郊外は日常的に出る場所ではない。利延の仕事は左京の町の管理である。特別なことでもないかぎり、郊外へは出ない。それゆえ時には迷うことがあるが、たいしたことにはならない。郊外の「迷わし神」はそんな状況に対する幻想と思われる。いうならば、郊外の神だ。

市街で迷う

迷うといえば、『宇津保《うつほ》物語』に京の市街で迷うめずらしい話があるのでふれておく。太政大臣の子若小君《わかこきみ》（後の源兼雅）は、父の賀茂《かも》社参詣に同行した途中、荒れ果てた家に俊蔭《としかげ》の娘を見、賀茂社から一人抜け出して、女を訪れる。女と一夜過ごし、帰ろうとするが、道がわからない。

殿の内をだに人あまたして歩き給へ、ただ一所帰り給ふに、いづれの道とも知り給はぬうちに、あはれなる人を見捨てつるに、あれか人にもあらぬ心地して、見巡らして、辻に立ち給へり。

屋敷の内でさえ人々が取り巻いて歩く状態なのに、ただ一人で家へ帰ろうとしても、どの道を行ったらいいかわからない。いとしい女を見捨てて出てきて気もそぞろの状態で、どう行ったらいいかわからず、ただぼんやり見巡らして辻に立っていたというのである。辻に立っていたというのはどっちに行っていいかわからぬ状態をよく示す。大臣が探させたところ若小君は「三条京極の辻」に立っていたとある。

これは道を知らないだけで、迷ったとはいえないかもしれない。しかし、女を置いてきて気持ちはそちらに引かれており、道を知ろうという意志が薄い。このような心の状態なら、迷ったといってもいいだろう。「迷わし神」に憑かれそうな状態である。

考えてみれば、宮城近くは貴族たちの大邸宅が並んでいたわけで、塀ばかり続くから、道に迷っても不思議ない。車で移動するならよけいわからない。それに、必ず供の者が付き添うから、自分から道を覚える必要はない。貴族は、一人なら道に迷ってもおかしくないのである。

迷神

鎌倉時代に下るが『掌中暦』に「高辛氏《こうしん》の女、性暴悪にして世人に厭はる。正月十五日巷中に死す。その神道路において迷神となる。この人生れながら粥を好む。これを以て祭らばその霊咎害なし。凡《およ》そ屋を作り子を産む、百《ひやく》怪《け》移《い》徙《しやう》す。則ち粥を以て四方に灑《すす》げば、禍自ら消除す」という記事がある。高辛は、司馬遷『史記』によれば、中国の民をいたわるすぐれた帝で、有名な尭の父という。その高辛の娘が暴悪な性格で人に嫌われていたが、ちまたで死に「迷神」になった。ちまたと「迷神」だから、迷わし神と通じるかもしれないので、ここにあげておく。ただし、お産のときに取り憑くというから、この世にさまよっている神ということかもしれない。

ついでに、同じ『掌中暦』に「高辛氏の悪子、船に乗り渡海す。忽《たちま》ち暴風あり。五月五日海中に没死す。その霊水神に成る」、「高辛氏の子、十二月晦《みそか》夜死す。その神鬼と成る。疾病を致す。これに因り桃、弓葦矢を以て疫鬼を逐《お》ひ静む」と、この高辛の子たちが悪神、祟り神となったことがみえる。

郊外の外れ

他界、異界に紛れ込む話は、民間の伝承にも鼠浄土（おむすびころりんの話）などあり、ひじょうに多いが、郊外でなければありえない話が『今昔《こんじやく》物語』三一巻一五話にある。

犬婿入り

京の若い男が北山に遊びに行った。道に迷っているうち、日が暮れてしまった。庵をみつけ、泊めてもらおうとすると、そこの女は、京に住んでいたが、さらわれてここにいる、恐ろしいから帰れといった。なおも男が頼み込むと、女は自分の兄ということにして、泊めてくれた。女の夫は白い犬だった。翌朝、この話を人にしないように、時々訪ねてくれれば望みをかなえようといわれたが、男は京に帰ってすぐ話してしまった。若い血気にはやる者たちが犬を退治して女を助けようと、男の案内で山に入った。犬は女を連れて姿を消した。約束を破った男は数日後死んだ。その犬は神で、近江にいるという噂があった。

という妙な話である。犬婿入りの変形といっていい。女が、夫が自分の知り合いと疑ったらどうしようというところなど、エロティックな雰囲気が漂う。話の展開はまるで異なるが、芥川賞を受賞した多和田葉子『犬婿入り』など思い起こすのがいい。

江戸時代の『南総里見八犬伝』など、犬婿入りを思わせる話はけっこうあるが、東アジア世界では犬祖伝承は多いにもかかわらず、日本の古代にはない。異類婚姻譚はほとんど蛇婿入りの話である。神武《じんむ》天皇の后も蛇婿入りによって生まれた女の娘だ。『日本霊異《りょうい》記』には蛇との婚姻を忌避する話があるが、そういう異類を神とする神話からの流れとして考え、仏教によって古代の神々が凋落したと考える見方が行われてきた。そういう見方は、『平家物語』の緒方氏の始祖が蛇神の子であること、つい最近まで先祖を蛇神とする家々があったことなどで、あやしいというべきである。仏教は、文化を異にする人々が集まる都市において表面化する、個人や家族を単位とする心のあり方に浸透する理由があった。都市的な生活では、村落のような、全体に共通の幻想がもちにくかったのである。たとえば、神に仕える巫女《みこ》は神の妻になることで共同体のために生きることになり、さまざまな生活の規制を受けるわけで、個人としてみればかならずしも喜ばしいことではないかもしれない。伊勢の斎宮になった皇女が役を終えると、この世に存在することによって知らずに犯している罪を浄化するために仏道に帰依するなども、共同体と個人の関係をよく示している。先祖と同化することが最高の安定であるという感じ方だけではなく、個人の魂の救済を求めるようにもなったのである。話はどちらかを強調するものだから、神々が全面的に否定されているようにみえる。それを単純化せずに、そこから何をどのように汲み上げるかが重要なのだ。

この話は、京の男が北山で道に迷い、不思議な世界に紛れ込むが、ふたたびそこへ行っているわけで、隠れ里的な、二度とその異界へ行けない話とは違っている。偶然紛れ込んでしまうとは普通では行けないことを意味するから、道を辿ることはできない。この種の話が福を得ることと結びついているのも、突然大金持ちになることなどめったにありえないから、その偶然性と重ねられる。この北山の話も、誰にもいわなければ願うことがかなえられると告げられるところに、隠れ里型の話の類型性が見え隠れしている。ところが、この話では、女を救うためにそこへ向かう。隠れ里などないといっているようなものだ。

このような空間認識は郊外のものである。郊外にはめずらしいものがあっても、こちらを震撼させる、人生を換えさせるほどのものはない。だから、安心して出て行ける。心をのびのびさせることができるのであって、それほどの緊迫感はない。

しかし、男は、約束を破って人に話してしまうことで、数日後に死んでいる。やはり危険な世界に紛れ込んだのだった。郊外なら、たいていこれほどのことはない。とすれば、この話は、郊外の外れ、都市を囲む郊外という空間がその外と接触する場所の怪異を語っているといえる。郊外と異界の境界の話なのである。やはり、郊外の外には未知の異界が広がっていた。言い換えれば、都市はそのような危険な異界から郊外によって守られているのである。

興味深いことに、この後、犬と女は近江に行ったという。郊外の外は近江と繋がっていた。近江が異界との境界の、より異界側と考えられていたことになる。

もう一つこの話で考えさせられることがある。さらわれた京の女はどうしても帰りたいという行動をとっていない。女の言葉にも、現在の境遇から逃れたいという雰囲気が感じられない。男が兄としてまた訪ねてくれれば満足しているような感じがある。女を引き止めているのは、女の意志のなさや犬への恐怖ではないと思われる。この話は、一貫して不思議な世界に紛れ込んだ男の心から語られており、女の気持ちを語ってはいないからかもしれない。しかし、そこから浮かび上がる女の像がある。女は、確かに無理にさらわれ、同居を強いられたが、その環境に慣れ、犬を夫として愛着を感じているように思われる。こういう女がいても不思議はない気がする。それが、また郊外的と思われるのだ。たとえば、谷崎潤一郎『痴人の愛』の舞台は昭和初期の東京の郊外大森だが、二人の異様な生活は近所の人々から噂されることはいっさいない。都市なら近所の人が登場するが、郊外は隣に人が住んでいても接触せずに生活することは可能である。都市を隣の人が何をしているかわからない世界というなら、まさに郊外こそが最も都市的な生活がある場所なのだ。どういう人がいてもおかしくない空間、それが郊外だ。

北山の犬の話は、郊外も外れの話であった。郊外にあってもおかしくないが、異界との境界という意味で、やはり郊外の外れにふさわしい。郊外の外れで恐ろしい目に遭う話がある。『今昔物語』二七巻一五話に、

朽ちた山荘

宮仕えをしている、身寄りのない女が決まった夫もないのに妊娠した。女は、どこか深い山のなかで産み捨てようと思い、賀茂川を渡り、粟田山のほうに山深く入って行った。お産にいい場所をと思って歩いているうち、北山科の山の斜面に古く壊れた

山荘をみつけた。朽ち残った板敷きに上がって休んでいると、白髪の老婆が出てきた。女が泣く泣く事情を語ると、老婆はあわれがり、ここでお産をするようすすめ、女は無事出産した。老婆はお産の穢れを厭《いと》わず、童に湯を沸かせ産湯《うぶゆ》をつかわせたり、世話をして、七日くらいここで過ごして帰るようにいってくれた。産まれた子はかわいい男の子で、女は捨てることもできず、乳を飲ませ、一緒に伏せっていた。二、三日して、女が昼寝をしていると、老婆が子の顔を見ながら、「ああ、おいしそうだ。ただ一口に」といっているのを夢うつつに聞いて、目が覚めて老婆を見ると、たいそう恐ろしく見えた。これは鬼に違いないと思い、ひそかに逃げだそうと思い込んだ。老婆がぐっすり昼寝をしている間に、子を連れ、仏に願いながら、走って逃げた。粟田口に出、そこから川原を行って、小さな人家に行き、日を暮らして夜になって主人のもとに帰った。子は人に預けて養ってもらった。

という話がある。京からすぐ近くだが山奥でもあり、犬の話と似ている。逃げても、恐ろしい目に遭うこともなく、すぐ京へ出られる。壊れた山荘があったというのも、かつて京の貴族が建てて住まなくなったものだろう。そちらから語れば郊外の別荘の話になる。この話は、貴族が山荘に住んでいたころは風雅な場所だったが、そうでなくなった場合のめずらしい話である。郊外は本来都市の者にとって定住すべき場所ではないから、こういうことはしばしばあったはずだ。別荘が建てば人が出入りする場所になり、朽ちれば誰も近づかない場所になる。その人とかかわりをもたなくなった場所を郊外といってみてもしかたない。そういう場所は異郷と変わりない。しかし、この話のように、時に京の人が紛れ込むことがある。その意味ではやはり郊外の果てだ。

この話では、女は実際に害を受けたわけではない。女は夢うつつの状態で、鬼がいいそうな言葉を聞いただけである。老婆はほんとうにそういったかどうかはわからない。老婆は鬼ではなく、ただの親切なお婆さんだったのかもしれないのだ。いや、ただの親切なお婆さんがこんな場所にいるはずはない。やはり、この老婆は不思議だ。というようにして、この老婆は鬼になる。つまり、こういう場所は鬼が住むものだという幻想がこの話を成り立たせている。『今昔物語』の編者は話のまとめとして、「旧き所には必ず物の住むにぞ有りける。然れば、彼の嫗《おうな》も、子を『穴甘気《あなうまげ》、只《ただ》一口』と云ひけるは、定めて鬼などにてこそは有りけめ」と述べている。実際に鬼だったかどうか、わからないのだ。

業平の盗んだ女を隠す場所

『今昔物語』二七巻七話は、もう一つ北山科の山荘の話を収めている。在原業平《ありわらのなりひら》は身分の高い女に心を寄せた。親が高貴な婿を取ろうとたいせつに育てていたので、近づくことができなかったが、どのように企んだのか、その女をひそかに盗み出してしまった。隠しておく所がなかったので、北山科の辺の、荒れて人も住まない古い山荘に大きな校倉《あぜくら》があり、そこに女を連れていって臥した。突然、雷が鳴り響いたので、業平は女を後ろに押し遣って、太刀を抜いて振り回しているうちに、雷は止んで、朝になった。女の気配がしないので、振り返ってみると、頭と着物だけが残っていた。業平は恐ろしくなって、逃げ去った。

それから、この倉は「人取りする倉」とわかった。

業平は女をさらい、京近くの隠れる場所を求め、北山科の山荘に来た。やはり、京よりそれほど離れていず、人の来ない場所である。人が来なくなって、山荘は朽ちている。しかし、朽ち果ててはいず、完全に自然に帰ったわけではない。北山科という空間的な問題としても、心理的なレベルでも、郊外の果てである。この話では、倉が人を喰ってしまう。空き家幻想といっていい。郊外の空き家の不気味さは、私も子供の頃、感じている。人の住んでいない新築の家は怖くはなかった。たぶん、住んでいた人の気配が感じられるのだと思う。この場合、自然と人が接した痕跡がある。そんなに遠いことではない。それが郊外の怖さといえる。郊外は、人が自然とかかわるための別荘を営むこともあるが、時が経ち、人が変われば、その別荘も朽ちる。基本的に、人は定着するわけではない。つまり一時的なものである。そういう自然と人とのかかわり方は郊外的だ。

山科の山荘の実例はあまりみられないが、『伊勢物語』七八段に、仁明《にんめい》天皇皇子人康《ひとやす》親王の「山科の宮」がみえる。藤原常行《つねゆき》が文徳《もんとく》天皇の女御多賀幾子《たかきこ》の葬儀で安祥寺に行った帰り、その宮に寄って、滝や川を造った庭を見て、紀伊の国の石を贈ったという話である。自然と接触するといっても、このように人工的な自然、理念的な自然であった。これが郊外の自然である。自然そのものはやはり危険なものだったのだ。

この話は、『伊勢物語』六段の業平が女を盗み芥川《あくたがわ》まで逃げて、女を小屋に入れて休ませていると、鬼に喰われてしまう話と通じている。その変型と思う。この話から読むと、『伊勢物語』六段の芥川は、ここまで逃げてきて休むのだから、ここまでは追ってこない境界的な場所である。やはり郊外の外れといえる。

山科の女

子を産み棄てようとした女は、粟田口《あわたぐち》を出て賀茂《かも》川を渡り、東山に分け入って山科に行った。山科は京にとって山一つ向こうの場所のようだ。しかし、山科を通り、逢坂を越えて東へ行く幹線道路でもある。天智《てんち》天皇の御陵もあり、境界的な場所であることは間違いない。『今昔物語』二二巻七話は、山科に住む土地の人が登場するめずらしい話である。

藤原高藤《たかふじ》は十五、六歳の頃、鷹狩に南山科に行った。申《さる》の時（四時頃）に、突然暗くなって雨風が激しくなり、雷電霹靂《らいでんへきれき》があり、高藤は西の山辺の人家に雨宿りした。それは檜垣《ひがき》をめぐらせ、小さいながらも唐門をもつ趣ある家だった。雨宿りしているうちに日が暮れ、家の主人が上に上げてくれた。家の内も網代《あじろ》の天井や屏風、高麗縁《こうらいべり》の畳など、由緒ありげだった。十三、四ばかりの女が食べ物など運んできた。その少女の人慣れしていないかわいらしさに心を動かされ、高藤は契りを結んだ。翌日、鷹狩に出ると、心配した父が迎えをよこしており、京へ帰った。

その後、娘のことが気になったが、狩の際従っていた馬飼の男は田舎に帰り、家のありかもわからなかった。妻も娶らず六年経ったころ、馬飼の男が田舎から出てきたので、その男を供にして女の家を訪ねた。阿弥陀の峯越えをし、日没頃に女の家に着いた。女は大人っぽく美しくなっており、五、六歳のかわいい女の子を連れていた。高藤はその子が自分の子であることを知り、喜び、一夜明かした。その家の主人は郡の大領《たいりょう》宮道弥益《みやじのいやます》とわかった。身分が低いが、前世の縁だろうと、女と娘、そして母を京に引き取った。

その後、弥益の家を寺にした。今の勧修寺である。向かいの東の山辺には、妻が大宅寺を建てた。醍醐《だいご》天皇の御陵が側にある。

高藤は自分からはふたたび女の家を訪ねられないわけで、道に迷い、偶然紛れ込んだのと同じ異郷訪問譚の型になっている。そういうふだん行けない場所だが、手引きによってふたたび訪れられるという意味で、異郷訪問譚の変型であり、『宇治拾遺物語』の北山の犬の話のように、郊外だからありうる話といえる。

この話の特徴は、京の女に出会うのではないことで、郊外には土地の者もおり、いうならば、京の者と対等に交流するさまを語っていることである。もちろん、語り手は常に京の者だから、下賤の者として語られている。檜垣をめぐらし、唐門をもち、網代の天井や屛風など、京の者の好む、田舎風の住まいであろう。都の貴族たちの住まいを範にし、田舎風の変型を与える、やはり郊外的というべきだろう。そして、そういう郊外の女を妻にし、繁栄を手にする。その意味でもめずらしい話で、異郷の女を妻にする王権の神話の変型の、郊外版とでもいえそうな話だ。

高藤が女の家を訪ねるのに、阿弥陀の峯越えをして、日暮れ頃着いたとある。京から山科に出る道には阿弥陀峯の北を通る澁谷《しろたに》越えと、南をまわる瓦坂《かわらざか》越え、さらに南の滑石《すべりいし》越えの道があった。勧修寺へは南の道ほど近いという。一日がかりで山を越えて行く場所だったわけで、京からは郊外の外れという感じがする。それゆえ、異郷訪問譚の変型の話の舞台になりえた。

山科の霊能者

山科をめぐる話としては、もう一つ取り上げておきたいものがある。『本朝世紀』天慶元年（八七七）八月十二日条、『今昔物語』三一巻一話、『古事談』五巻一二話にも載せられている話だが、『扶桑略記《ふそうりやっき》』元慶二年条から引く。

粟田山の東、山科の北の藤尾寺の南に道場があり、尼が住んでいた。久しく、石清水八幡大菩薩像を造って安置していた。霊験が多くあり、遠近の僧尼、貴賤、男女らが帰依し、賑わっていた。石清水八幡では毎年八月十五日に放生会《ほうじょうえ》を行っており、多く人々が参会していた。この尼は同じ日に放生会を設け、昼は楽人を迎えて妙なる曲を尽くし、夜は名僧を呼んで菩薩の大戒を伝え、飲食にぜいたくを尽くし、布施や供養の物は山のようであった。それゆえ、本宮には僧徒や楽人が来なかった。本宮では、八月十五日以外の日に新宮の放生会として行うように申し入れた。しかし、尼はばかにして本宮の申し入れを受け入れなかった。そこで、八月十二日に、本宮の者が数千人で山科の新宮に押し掛け、社を壊し、尼を捕らえ、霊像を本宮に持ち帰った。

新興宗教が生まれるさまのわかる話である。信仰の生きている世界では、このような尼や僧、託宣者たちがつぎつぎに生まれてくる。そして、それを異端視し、排除しようとするのが既成の教団である。石清水八幡のある山崎と、この山科では京をはさんで西と東にある。京の人々を信者として取り合う格好になった。郊外には、このような新興の道場が建てられたりしたようだ。京の人々は霊験ありと聞くと、郊外の寺社、お堂に出かけたものだった。『今昔物語』二九巻二二話には、物詣でが好きな女が、鳥部寺（宝皇寺）の賓《びん》頭盧《ずる》像が霊験があらたかと聞いて、着飾って詣で、強姦され、着物も奪われた話がある。寺社参詣がかならずしも安全ではなかった例にもなるが、信仰が噂によって広まることを示す。ということは、霊験は方々でつぎつぎにあらわれたのである。

狐に化かされる

迷《まど》わし神が狐ではないかという話があったが、人里近くに住む狐に化かされる話は多い。なかでも、郊外的なたいした被害のない話をあげてみる。『今昔物語《こんじやく》』二七巻三二話に、次のような話がある。

狐に化かされる

民部大夫《みんぶのたいふ》頼清《よりきよ》は仕えていた斎院に勘当されて木幡《こはた》に住んでいた。頼清の下仕えの三《み》河御許《かわのおもと》という女は、頼清が木幡にこもったので、京の実家に帰っていた。その女のもとに頼清から使が来て、殿が引っ越したので手伝いに来てくれと頼まれた。女は五歳ほどの子を連れて急いで参上した。忙しく四、五日が過ぎて、頼清の妻が木幡の家への使を頼んだ。女は子を同僚に預けて出かけた。

木幡に行ってみると、たいそうにぎやかで、先ほどまでいた家の同僚たちもいた。不思議に思って奥に入ると、主人もいた。呆然としていると、殿は院の勘当が許されたので、あなたにも知らせようと使を出したのだが、殿へ行くといって留守だと隣の人がいっていた。どこにいたのか、などと口々にいわれたので、恐ろしく震えながら、事情をありのままに話した。人々は恐れたが、笑う者もいた。

女は置いてきた子が気になり、主人に人をつけてもらって、そこに行ってみると、家のあった所は草が生い茂る広い野だった。子は独りで荻や薄《すすき》の茂ったなかに泣いていた。女は喜んで子を抱き上げ、木幡に帰った。主人たちはこれを聞いて、「お前の作り話だろう」とあやしがった。

しかし、幼い子を野の中に連れていって捨てておいたりするものだろうか。これを思うと、狐の仕業だろう。狐だったから、子をなくさないですんだのだ、と人々はこぞって評判した。

これは郊外の事件であり、実害がなかったという意味で、迷わし神の話に通じている。四、五日間、実際にはどのようなことをしていたのか気になるが、女はその数日実は荻や薄の生い茂った野中にいた。何を食べていたのだろうか。

この話は、ある程度は心理的に説明はできる。女は長く仕えていた主人が勘当されて、そのことをとても気にしていた。何か役立ちたいと思っていた。そういう心の状態が幻想をもたらした、と考えることはできる。しかし、われわれの感じ方では、数日間もその幻想のなかにいたことが理解できない。たぶん、そのような疑問はこの時代の人にもあった。狐が登場するのはそれゆえと思われる。狐に化かされたと考えることで、そのわからなさを納得した。しかし、その納得もわれわれには理解できない。われわれの社会と古典の時代との間の断絶に直面するのはこういう場面である。われわれの社会は迷信といって、こういう説明を遠ざけ、心理学的に説明しようとした。

この話は、市街に住む女が野で化かされているという意味で、郊外的な話である。たいした実害のないのも、郊外的だ。話を聞いた者のなかには笑う者もいた。あまり深刻ではなかったのだ。笑ったりしているうちに、あれ子供はどうしたのということになった。話の展開はうまくできている。こういう話はやはり郊外のものだといえる。話自体を不思議だと思いながら納得していたのも、郊外の何でも起こりうる境界的な場所のことゆえと思われる。狐は人の住む空間のすぐ隣に暮らし、ときどき人々と接触した。異界の象徴だったのである。それゆえ、不可思議な出来事は狐のせいにされた。

この話で女が思いもかけない所に連れて行かれるのは、迷わし神と通じている。やはり『今昔物語』二七巻四一話に仁和寺の東の高陽川《こうや》に出る狐に化かされて鳥辺野《とりべの》へ連れて行かれた話がある。高陽川は西京を流れる西堀川になるが、市街に入る前のあたりの話である。この狐は若い女に化け、馬に乗って京のほうへ行く者があると、後ろに乗せてもらい、四、五町行くと、突然飛び降りて逃げて、追いかけると狐になって「こうこう」と鳴きながら走り逃げたという。これもまた実害のない、たあいないからかいである。この場合は、きつねが馬に乗って遊んでいる感じがある。

道を迷わす

若い滝口の武士がこの狐をこらしめようとした話である。

狐の話を聞いて、若い思慮のある滝口が捕まえて来てみせると同僚に約束した。高陽川を渡り、京のほうへ引き返そうとすると、若い女が、京へ行くのだが、日が暮れたので馬の尻に乗せてくれという。滝口は用意した縄で女の腰を鞍《くら》に縛り付けた。女は何をするのかと聞くので、抱いて寝ようと思うから、逃げられないようにだと答えた。一条を東に行き、西の大宮を過ぎる辺で、東のほうから松明をともして多くの車が行列をなして来るのに出会った。高貴な方がお通りになるのだろうと、滝口は引き返して西の大宮大路を下って二条まで行き、東に向かって東の大宮大路から土御門《つちみかど》まで行った。土御門でみんなと落ち合う手はずになっていたのである。土御門では一〇人くらいの家来たちが出迎えたので、女の縄を解いて馬から下ろし、同僚たちのいる所へ引っ張っていった。同僚たちは狐を取り囲み、なかに放せといった。逃げるからだめだというと、逃げたら射てやろうと矢をつがえて狙いをつけたので、滝口は放した。とたんに女は狐になり、「こうこう」と鳴きながら逃げてしまった。同僚たちもみな消えた。火も消えて、真っ暗になった。滝口はあわてて、従者を呼ぶが誰もいない。見渡すと、どこかもわからない野中にいたのだった。さらに気持ちを鎮めてよく見ると、そこは鳥辺野だった(二、三日後、この滝口は化かされた経験を活かして狐を捕らえ、こらしめて放した話が続く)。

この話も、狐によって方々を引き回されている。ただし、滝口は約束した場所に向かっているつもりでいるから、迷ったとはいえないかもしれない。貴人の行列に出会い避けるが、それも狐に化かされたのであった。通った道筋が具体的に記されているのも、化かされて引き回されたことを語ると思われる。この語り方は寺戸の迷わし神と同じだ。その意味で、これも道に迷った話といってもいい。知っている道を通りながら迷っているというのが話の要点と考えていい。この話では京の市街で、郊外ではない。にもかかわらず、同じ語り口で語られる。ここには、市街地も夜になれば郊外と同じ空間になると考えるか、郊外も都市と同じに考えるか、どちらかの考え方が示されている。どちらかというと、前者のほうがわかりやすいが、どちらでもいい気がする。夜になれば、都市も半分見知らぬ空間になる。夜になれば鬼があらわれ宴会を開き、朝になればいなくなる瘤《こぶ》取り爺さんの話や、夜になるとそれぞれがかってに動き出すクルミ割り人形の話などを思い浮かべるまでもなく、昼は人間の世界、夜は異界のものたちの世界と、同じ空間が時間によって異なる空間になると考えられていた。ただし、都市は夜でも起きている者がいたり、外を通る者さえいたりで、完全に異界になるわけではない。知っているが完全にではないという郊外の世界と通じるわけだ。人と異界のものが同時に存在しうる空間が都市の夜なのだ。

迷うということ

この話も迷う話とした場合、自分が知っている道を辿りながら、実際はその道を通っていないという意味で、われわれの迷うという概念と少し違っているようにみえる。われわれの迷うとは、一般的に見知らぬ道に迷い込んでしまうことをいう。ところが、寺戸の話も、自分の知っている場所しか歩いていない。自分の知っている道にもかかわらず、迷ってしまう。ということは、ふだん通っている道もほんとうには知っていない、という観念があらわれている。ほんとうは、われわれだって、毎日通っている道にふと違和感を覚え、不安になることがある。この道でほんとうによかったのか、それは迷ったときの感覚ではないか。何か変わったのかと見回してみても、何の変化もない。そのとき、われわれは道そのものに出会っている。

たぶん、そういうふとした感覚がこれらの迷う話の根底にある。われわれは、そのふとした感覚をすぐ忘れてしまうだけだ。それに価値がある、何かのあらわれだと考えれば、われわれは古典の世界に入り込んでいる。いうならば、道の世界を身近に感じる共通の感覚があった。異界に対する共同性としかいいようのない、共通の感じ方がこれらの話を成り立たせている。夜と昼で同じ空間が変わってしまうと感じる感受性と同じだ。同じ空間でありながら人々と神々とで別の地図をもっている。たぶん、その異なる地図に入り込んで移動することが迷うということなのだ。そして、そういう異界の地図は郊外という空間で人々に触れやすくなった。

狐に助けられる

狐は害を及ぼしたり、人をからかったりするだけではない。狐のために、人を助ける話をあげておく。やはり『今昔物語』二七巻四〇話から引く。

物の怪《け》を病んだ家があった。物つきの女に物の怪がついて、自分が狐であること、食べ物が散らばっていると思って覗いているうちに、このように閉じ込められてしまったことを語り、懐《ふところ》から小さい蜜柑《みかん》くらいの大きさの白い玉を取り出して、お手玉をして遊んだ。見ている者は、物つきの女がはじめから懐に入れておいて人を騙そうとするのだろうと疑っていたところ、側にいた若い武士が、物つきの女が上に投げた玉を横から手を出して取ってしまった。女に憑いていた狐は、玉を返してくれるようにしきりに頼んだが、男が聞かなかったので、玉を返してくれないなら、末永くお前の仇となってやる。返してくれたら、守り神となろうといった。男は納得して、玉を返した。狐は退散し、物つきの女の懐を探しても玉はなかった。

この玉を取った男が太秦《うずまさ》へ参詣した帰り、夜になって内野《うちの》を通ったところ、応天門の辺りでもの恐ろしく感じたので、狐を呼んだ。狐は「こうこう」と鳴いて出てきた。狐に送ってくれるように頼むと、心得顔で、振り返り振り返りしながら、いつもとは違う道を先導した。狐が立ち止まり、抜き足で歩きながら通った場所があった。そこには武装したたくさんの男たちがいて、盗みに入る相談をしていた。男は無事に家に帰り着いた。これだけでなく、狐はさまざまに男を助けてくれた。

狐や物の怪が憑いた場合、「寄りまし」に移すことによって直した。「物つきの女」はその「寄りまし」のこと。「内野」は平安末期には内裏の跡が野になったのでそう呼ばれた。京の中心が野になったということである。内野は夜には化け物の出る場所で、めったに人は通らなかった。『今昔物語』二七巻三三話には、西の京のあたりに住む男が、危篤の母の願いで、三条京極のあたりにいる弟の僧を迎えに行くのに、夜中、内野通りを行くという話がある。応天門と会昌《かいしょう》門との間を通る時、恐ろしく感じる。弟は比叡山に行っており、また独りで同じ道を帰るが、応天門の上に光るものを見る。西に行くと、豊楽院の北の野に丸い光るものを見る、というぐあいで、恐ろしい場所と幻想された。これも狐かとされている。この話では内野で化け物に出会ったわけではない。しかし、わけもわからず怖く感じた。化け物の気配を感じたのである。結局、狐が守ってくれたのではないか。

この内野も郊外のような場所である。市街の周囲に広がる空間も、鳥辺野、北野、紫《むらさき》野《の》といった具合に、野と呼ばれていた。桓武《かんむ》天皇の遊猟が都周辺の野に出てそこで霊威と接触するものだったことは述べた。ということは、平安の末期には、都市の空間が市街地の外に野をもち、中心に野をもつというものであったことになる。野は霊威と接触する場所、人と異界のものが併存する場所と繰り返し述べてきたが、中心部が野になることで、古代都市の構造はある意味でより鮮明になっている。天皇という高天《たかま》の原の神々の子孫がいることで都、つまり宮のある場所であったから、本来都市の中心部は霊的な空間であった。平安京は、東寺、西寺を配した以外に、寺社を建てることを禁止していた。霊的なものはまさに天皇を中心にして、統括されていたのである。霊的なものとの交感はほとんど宮中に独占されていたわけだ。その中心と呼応する形で郊外があった。霊的なものはひとつの体系におさまりきるものではない。宮中が天皇とかかわる神々と交感し祀ったのに対し、郊外はそれこそ雑多な神仏と交感する場所だった。狐との接触はそういう構造を象徴する。こう言い換えてもいい。平安時代の中期には京中に寺や社が設けられるようになるが、この構造は平安時代を通して基本的に変わらない。したがって、天皇が京の市街を離れたとき、内裏跡は野として、郊外と同じ場所になった。

『源氏物語』の郊外

北山

『源氏物語』には、物語の重要な舞台として、郊外が設定されている。それは、ある意味で、京の人々にとっての郊外の共通の認識をあらわしているはずだ。その『源氏物語』の郊外を考えることで、本書の締めくくりにしたい。

若紫の発見

夕顔の死に関係するのか、わらわ病（「寒熱並び作り二日に一たび発《おこ》る病」『和名類聚抄』）を患う光源氏は、北山の「なにがし寺」のすぐれた修行者に直してもらいに行く。

やや深う入る所なりけり。三月のつごもりなれば、京の花盛りはみな過ぎにけり。山の桜はまだ盛りにて、入りもておはするままに、霞のたたずまひもをかしう見ゆれば、かかるありさまもいとならひ給はず、所狭き御身にて、めづらしうおぼされけり。
寺のさまもいとあはれなり。

と、まず、源氏が北山の寺に着くまでのことが語られる。「やや深う入る所」であって、深山ではない。郊外の外れの感じである。「峰高く深き岩の中にぞ聖入りゐたりける」とあり、修行者はここからさらに登った岩屋で修行している。そこから近い場所、京の人々が来られる限度の場所に、源氏は来ている。源氏にとって、郊外の外れまで来るのははじめての体験だった。

少し立ち出でつつ見渡し給へば、高き所にて、ここかしこ僧房どもあらはに見下ろさるる、このつづら折りの下に、同じ小柴なれど、うるはしくわたして、きよげなる屋、廊など続けて、木立いとよしあるは、「何人の住むにか」と問ひ給へば、御供なる人、「これなんなにがし僧都《さうづ》の二年籠り侍《はべ》るかたに侍るなる」「心はづかしき人の住む所にこそあなれ。あやしうもあまりやつしけるかな。聞きもこそすれ」などのたまふ。きよげなる童などあまた出で来て、閼伽《あか》奉り、花折りなどするもあらはに見ゆ。

霊験あらたかな修行者に加持《かじ》などをしてもらい、日が高くなって、少し休んでいる場面である。寺の建物を出て、見下ろしている。『更級《さらしな》日記』に、西山の住まいから見下ろす場面があったが、散文文学において、たぶんそういう場面の最初がこの「若紫」である。歌には国見謡《くにみうた》以来ある。国見は、始祖の神が住むべき土地を求めてのさすらいの果てによい土地を見出し村立てする神話の、その見出し土地を誉める場面の歌の定型である（古橋『古代和歌の発生―歌の呪性と様式―』〈東京大学出版会、一九八七年〉など）。したがって、神の立場からの表現といっていい。『古今集』にも、

花盛りに京を見やりてよめる　素性法師

見渡せば柳桜をこきまぜて都ぞ春の錦なりける　（春上　巻一・五六）

と、京を見下ろしている歌がある。散文に見下ろす表現がなかったのは、語り手が神の立場に立つものではなかったこと、登場人物が神話と違って神々ではなかったことを示すといえよう。したがって、見下ろす描写が登場することは、神と人との関係の変化、神々が絶対的なものではなくなったことを示していると思われる。

また行いがあり、ふたたび休む場面に明石が話題になる。

しりへの山に立ち出でて京のかたを見給ふ。はるかに霞みわたりて、四方《よも》のこずゑそこはかとなう煙りわたれるほど、「絵にいとよく似たるかな。かかる所に住む人、心に思ひ残すことはあらじかし」とのたまへば、「これはいと浅く侍り。人の国など

に侍る海山のありさまなど御覧ぜさせて侍らば、いかに御絵いみじうまさらせ給はむ。富士の山、なにがしの嶽」など語り聞こゆるもあり。又、西国のおもしろき浦々、磯のうへを言ひ続くるもありて、よろづにまぎらはし聞こゆ。

「近き所には播磨の明石の浦こそなほことに侍れ。何のいたり深きくまはなけれど、ただ海のおもてを見渡したるほどなんあやしくこと所に似ずゆほびかなる所に侍る。かの国の前の守、新発意の、娘かしづきたる家いといたしかし。……」

と、明石の入道、その娘に話は展開する。郊外の外れの北山において、下界を見下ろしながら、諸国のことが話題になり、明石に及ぶ。京を見下ろし、諸国を見ている。したがって、ただ目に見える下界のみならず、世界を俯瞰《ふかん》していることになる。郊外の外れとはそういう場所だった。この国見的な行為は後に源氏が実質的に王の位置に立つことと通じているだろうが、物語の側からいえば、郊外の外れの北山を舞台にすることで、後の明石の入道と娘の物語が語り始められたことになる。

北山から明石を思うという組み合わせは、疫神を船岡から難波に送る、志多羅《しだら》神が石清水から船岡に来るという構図を思わせる。京の北でありながら、西南の外の異郷と繋がっているという妙な道順である。郊外はその外の世界のどことも繋がっているともいえるが、北側に特別強い霊威を感じていたのではないか。この「若紫」の霊験あらたかな修行僧が住むのも、そういう北という方位と関係するかもしれない。

桂・大堰

大堰川の山荘

明石の入道は、明石の君と源氏との間の子を入京させるべく、妻の祖父の中務《なかつかさ》の宮が領地をもっていた大堰《おおい》川の山荘を手入れする。そこのしつらいは、「川づらに、えもいはぬ松蔭に、何のいたはりもなく建てたる寝殿のことそぎたるさまも、おのづから山里のあはれを見せたり」(「松風」)というもので、山荘の風情は無造作であるかのように造り、「山里のあはれ」をかもすものであったことが知られる。また、「海づらに通ひたる所のさま」がして、明石の君がここに移ってきたとき、「年ごろ経つる海づらにおぼえたれば、所かへたる心地も」しないほどだったという。水辺と松を海の雰囲気を出すように仕立てたのだろう。このように、山荘は、その土地の自然を利用して、「山里のあはれ」や「海づらに通ひたる所のさま」を造りだしたものだった。自然そのものを享受するためのものではなかったのである。

これは、理念的な自然ということもできるが、自然と人の接触の問題として考えるべきだと思われる。人が接するには自然そのものであっては危険だ。自然はいつ荒ぶる性格をあらわすかわからないものだった。大堰の山荘は中務の宮以後、誰も住む者がなく、荒れ果て、「あやしき藪」になっていたという。人が山荘を営むには、人の手入れがなければならなかった。山荘は多くの場合、それを建てた人固有のもので、その人が亡くなると、自然にもどっていった。これは山荘の特徴であると同時に、郊外の性格をよくあらわしているといえる。自然と人が共存する場所だから、人が領有し続けるわけではなかった。郊外の住居は自然に帰る可能性をもつものであった。言い換えれば、山荘は自然への回帰をはじめから孕《はら》んだものとして営まれたのである。しかし、自然にもどりきるには時間がかかる。人と自然が接触した痕跡は残された。「怪異」で述べた荒れ果てた山荘の話は、自然の側の、人との接触の記憶が生み出した幻想とでもいえるかもしれない。

大堰の山荘は自然にもどり、ふたたび人の住むところとなった。典型的な郊外の建物、庭である。

この大堰の山荘が営まれる前、源氏は嵯峨野《さがの》に御堂を建てている。この御堂は大堰の山荘と近く、源氏が明石の君を訪ねる口実にもなっている。

嵯峨野の御堂

明石から出て来た明石の君の住む山荘と、京から来る源氏の御堂が近接することは、この大堰川のあたりが二人が出会う場所になっていることを意味している。いわば、出会いの場所としての郊外だ。しかも、この出会いは、志多羅《しだら》神の九州から石清水へ、石清水から船岡へという道程と近似する。もちろん、逆の京の疫神が船岡から難波へと送られる道程と似ている。大堰の山荘が明石の海辺のようすと似ているのも、ここが明石と繋がる場所だということを示している。京に入るにはいったん北に回り、京から出るにはいったん北に巡る。しいて、意味的に重ねてみれば、明石の君と姫君の入京は、ある意味でまがまがしいものである可能性を暗示していることになる。少なくとも、明石一族の祈願の強さがこのような過程をとらせたとはいえそうだ。明石一族の悲願は、明石の姫君の入内《じゆだい》、皇子出産、皇位継承というようにして実現するが、それを可能にする霊的な力がこの道程をとらせているのではないか。

この「松風」の巻は、明石から帰京後の源氏の栄達が不動のものになっていく過程にあたる。六条院が営まれるのはもうすぐだ。その六条院の栄華が内部から崩壊していくのは女三の宮の降嫁以降のようだが、結局、その六条院世界も、明石一族のものになるようなものであり、中務の宮という豪族の血が入っているにしろ、地方の豪族が皇権の中枢を握るという言い方をしてみれば、後の武士政権と重なるところがあるわけで、地方の血、つまり荒々しい力が中央貴族を犯したといえるのではないか。

独立した小宇宙

「松風」の巻は、大堰の山荘、嵯峨野の御堂ともう一つ桂の院が出てくる。嵯峨野の御堂は源氏が建てた寺で、大覚寺に比肩するものだった。桂の院は源氏がひっそりくつろぐ場所のようで、山荘の像がある。この三所がそれぞれの役割をもちながら並立しているのが、『源氏物語』における大堰川一帯である。大堰の山荘の側には田畑があり、桂の院の近くにも「御庄」がある。その荘園の人々が大堰の山荘の庭を造るのに集められる。別荘が点在し、寺があり、山野があり、田畑がある。当然、農民も住んでいる。郊外を象徴するような空間だ。その中心は桂の院で、源氏が行くと、貴族たちも集まってくる。ということは、源氏が中心ということだが、源氏が京に帰れば土地の人々と自然の世界に戻る。明石の君と姫君も一時的な滞在である。郊外に一時的に小宇宙が現出する。

源氏が明石の君、姫君を大堰の山荘に訪ね、その後、桂の院に行く。源氏が行っているというので、貴族たちが集まってきた場面が語られている。頭中将《とうのちゆうじよう》がやってきて、昨夜一緒に来たかったといい、途中見てきた紅葉の話をし、連れだって来た貴族のなかには狩をしている者のあることを語る。源氏は、突然あらわれた貴族たちをもてなす。

にはかなる御饗応し騒ぎて、鵜飼ども召したるに、海人のさへづり思し出でらる。野にとまりぬる君達、小鳥しるしばかりひきつけさせたる荻の枝など苞《つと》にして参れり。大御酒《おほみき》あまたたび順流れて、川のわたりあやふげなれば、酔ひに紛れておはしまし暮らしつ。おのおの絶句など作りわたして、月はなやかにさし出づるほどに、大御遊び始まりて、いとなまめかし。弾物、琵琶、和琴ばかり、笛ども、上手のかぎりして、折にあひたる調子吹きたつるほど、川風吹き合はせておもしろきに、月高くさし上がり、よろづのこと澄める夜のやや更くるほどに、殿上人《てんじやうびと》四五人ばかり連れて参れり。上に候ひけるを、御遊びありけるついでに、(帝は)「今日は六日の御物忌《ものゐみ》あく日にて、かならず参り給ふを、いかなれば」と仰せられければ、ここにかうとまらせ給ひにけるよし聞こしめして、御消息あるなりけり。御使は蔵人《くらうど》の弁なりけり。

「月のすむ川のをちなる里なれば桂のかげはのどけかるらむうらやましう」とあり。

紅葉を楽しみ、別の貴族は狩をしている。源氏は都人に地方的な鵜飼の漁を見せている。宴会になり、漢詩を作る。夜になり、音楽が奏でられる。これは、都市人である貴族たちの郊外における遊びそのものだ。特に、狩に行った貴族もいるとあるところなど、それぞれがやりたいことをしているさまを語っている。まさに郊外的だ。

夜になっての饗宴のようすが語られている。音楽は「折にあひたる調子」を奏で、川風がその音に「吹き合はせ」ている。そして、月が高く昇る。つまり、自然が人の行為に呼応している。この人と自然との関係が郊外的なのだ。自然の側も対等に意志をあらわす。川風が強ければ、音楽は風に音が散ってしまう。実際、「紅葉賀《もみじのが》」巻では、「木高き紅葉の蔭に、四十人の垣代いひ知らず吹き立てたる物の音どもに合ひたる松風、まことの深山下ろしと聞こえて吹き迷ひ、いろいろに散り交ふ木の葉の中より、青海波《せいがいは》の輝き出でたるさま、いと恐ろしきまで見ゆ」と、はげしい風のなかで源氏が舞を舞う場面がある。松風が四〇人の楽隊の奏でる音楽に呼応し、音楽は「吹き迷ひ」という状態だった。音は散っている。こういうなかで登場する源氏の舞姿が恐ろしいほどだったという。そして、時雨《しぐれ》が降るが、それは「空のけしきさへ見知り顔」だと語る。源氏の舞姿に感動して、天が時雨を降らせたのである。この「紅葉賀」の場面でいえば、すばらしい音楽、源氏の舞姿に対し、自然は意志をあらわし、深山下ろしのはげしい風を起こし、時雨を降らす。このように、自然と一体となった状態が最もすばらしい場面であった。

自然の意志の示し方は、風や雨だけであるわけはない。時には風もなく、晴れ上がる。それはそれで、自然の意志が示されたと受け取る。つまり、固定した受け取り方はない。その場におけるものにすぎない。このような感じ方が郊外的なのだ。郊外は、そういう自然と人が対等に、それぞれの仕方で接し、その接し方もそのときそのときで異なってもいい、自由な場所だった。宗教的なものとは少し異なる。宗教では、自然の意志のあらわれを固定的に捉えるからだ。

宴もたけなわのところへ、帝から手紙が来る。この歌は「桂の蔭」に入ることをうらやましがっており、源氏の庇護下の状態を称えている。この大堰川一帯が源氏を中心とした独立した空間としてあることを言祝《ことほ》いでいるようだ。しかし、これも源氏がいる間だけのことである。一時的な小宇宙、それが郊外が現出するものだ。天皇の行幸もそういうものだが、郊外には別荘が建てられるから、一時的が繰り返されることになる。

宇　治

宇治の八の宮の住まい

ここまで取り上げてきた郊外とは少し違って、宇治は郊外の外れという雰囲気で捉えられていたらしい。「椎本《しいがもと》」巻に、匂《におう》の宮《みや》が宇治の姫君に手紙を送る場面があるが、夕方に京を発った使が宵少し過ぎに宇治に着き、返事をもらって早朝に匂の宮に渡している。夜に帰るから、使は恐れを知らぬ者を選んでいる。

御使は、木幡の山のほども、雨もよにいと恐ろしげなれど、さやうのもの怖ぢすまじきをや選り出で給ひけむ、むつかしげなる笹の隅を、駒引き止むるほどもなくうち早めて、（匂の宮のもとへ）片時に参り着きぬ。

とある。京と宇治の間には木幡の山があり、そこを越えねばならなかった。夜、しかも雨がちだったから、普通はそんな所へは怖がって行きたがらない。ここからは、夜は山を越えるのは危険なこと、雨降りも避けるべきことがわかる。そういう山の向こうにある宇治は郊外の外れだったのである。

八の宮の山荘が宇治にあることから宇治十帖は始まるが、その転居の理由は、火事にあったことだった。他にいい場所がなく、「よしある山里」である宇治に住まった。つまり、八の宮は住みたくて宇治にきたわけではない。別荘、山荘は一時的な風雅の場所だったが、しかたなく住まう山荘としてえがかれている。そこでの生活は次のようなものだった。

網代《あじろ》のけはひ近く、耳かしがましき川のわたりにて、静かなる思ひはかなはぬかたもあれど、いかがはせん。花紅葉、水の流れにも、心をやるたよりに寄せて、いとどしくながめ給ふよりほかのことなし。かく絶え籠もりぬる野山の末にも、昔の人もものし給はましかばと思ひきこえ給はぬ折なかりけり。……。いとど、山重なれる御住処に訪ね参る人もなし。あやしき下衆《げす》など、田舎びたる山がつどものみもまれに参り仕うまつる。

宇治の住まいは、すぐ側に網代があるらしく、川の流れの音がうるさいほどで、静かにもの思いにふけるというような場所ではない。ただ、花紅葉や水の流れに心の慰めを感じて、ぼんやり過ごすだけだったという。要するに、これまでみてきた郊外のなごやかな自然や異郷趣味的な庶民の生活とは異なり、地元の庶民の生活のすぐ近くにあり、自然もなだめられているものではなく、自然や庶民にじかに接するような場所だった。もちろん、京から訪れる人もない。まさに、郊外の外れではないか。

交通の要所と賑わい

宇治は古くから交通の要所として文献にみえる。応神《おうじん》天皇の皇子の、宇治の豪族和珥臣《わにのおみ》の娘を母とする菟道稚郎子《うじのわきいらつこ》が、応神の死後の皇位継承争いで、大山守皇子を宇治川で破り、大鷦鷯尊《おおさざきのみこと》（後の仁徳天皇）に皇位を譲り、自害する話（『日本書紀』）は、宇治が境界的な場所であること、そこを掌握することが王権にとって重要であること、しかしそこは境界であり続け、中心にはなりえないことを示す。

宇治川は『万葉集』の歌にもしばしば詠まれている。

そらみつ　倭の国　あをによし　奈良山越えて　山代の　管木《つつき》の原　ちはやぶる　宇
治の渡　滝つ屋の　阿後尼《あごね》の原を　千歳に　かくることなく　万歳に　あり通はむと
山科の　石田《いはた》の杜《もり》の　すめ神に　幣帛《ぬさ》取り向けて　われは越え行く　相坂山を
（巻一三・三二三六）

の歌が大和から奈良山を越え、宇治の渡で宇治川を渡り、山科を通って、逢坂山を越え近江に出る行程を詠んでいる。この行程は当時の主要道であった。近江の琵琶湖を舟航し、敦賀に出る。『日本霊異記《りょういき》』中巻二四話に、平城京の人が大安寺の銭を借りて敦賀で商売をする話があり、物資を琵琶湖を利用して運送していることが知られる。また、『万葉集』には、藤原京を造るのに必要な材木を筏《いかだ》に組んで宇治川を運ぶことも詠まれている（巻一・五〇）。

宇治橋は大化二年（六四六）高麗の学生道登《どうとう》が山城と大和との往来のために架けたとされる（『日本霊異記』上巻一二話）が、このことは宇治橋断碑といわれる碑文に残されている。橋が架けられるとは、もちろんこの道の頻繁な交通を意味している。壬申《じんしん》の乱に際しても、「近江京より倭京に至るまでに、処処に候（斥候、監視人）を置けり。亦菟道《うぢ》の橋守に命せて、皇大弟（大海人皇子《おおあまのおうじ》、後の天武《てんむ》天皇）の宮の舎人《とねり》の、私の粮運ぶ事を遮《さ》へしむ」（『日本書紀』天武元年五月）とあり、近江から大和への主要道路にあったことが知られる。この記事からは宇治橋には橋守が置かれていたこともわかる。

平安期に入っても、薬子《くすこ》の乱の際、宇治、山崎の両橋、与渡市津《よどのいちつ》に兵を配すことが行われ（『日本後紀』大同五年〈八一〇〉九月十一日条）、承和《じょうわ》の変の際も、大原道、大枝道、山崎橋、淀渡とともに宇治橋にも警護が遣わされた（『三代実録』承和九年〈八四二〉七月十七日条）。天安二年（八五八）八月の清和天皇即位の際にも、宇治、与度、山崎等の道が警護されている（『三代実録』）。平安京への重要な入口の一つだったということである。

宇治の交通の要所ということでは、『宇治拾遺物語』の序文が、通りかかる人々に話をさせて記したことを語ることで、賑わいを感じさせてくれる。

世に宇治大納言といふ者あり。この大納言は隆国《たかくに》といふ人なり。西宮殿の孫、俊賢《としかた》大納言の第二の男なり。年高うなりては、暑さをわびて、暇を申して、五月より八月までは、平等院一切経蔵《いつさいきやうざう》の南の山際に、南泉房といふ所に籠りゐられけり。さて、宇治大納言とは聞こえけり。

もとどりを結ひわげて、をかしげなる姿にて、筵《むしろ》を板に敷きて、涼みゐ侍りて、大きなる団扇《うちは》をもて扇がせなどして、往来の者、上中下をいはず、呼び集め、昔物語をせさせて、われは、内にそひ臥して、語るにしたがひて、大きなる双紙に書かれけり。天竺《てんじく》の事もあり、大唐の事もあり、日本の事もあり、それがうちに尊き事もあり、をかしき事もあり、恐ろしき事もあり、あはれなる事もあり、汚き事もあり、少々は空物語もあり、利口なる事もあり、さまざまなり。

いかにあらゆる話があるかを、「天竺の事もあり」から始めて「利口の事もあり」までしつこいくらいに「事もあり」を重ねることで表現している。このような外国の話も日本の話もどんな話でも聞けるのは、この場所をさまざまな人々が頻繁に通るからである。

交通の要所という意味では、奈良の寺社への参詣の途中に通る場所でもあった。『蜻蛉《かげろう》日記』安和元年（九六八）九月、初瀬参詣の途中、昼頃宇治に着き、昼食を食べたことが記されている。出発は、例のごとく、暁方だった。京から宇治まではだいたい半日の距離ということになる。宇治に着いて、車の簾《みす》をあげ、網代を見、「行き交ふ舟どもあまた」を見ている。この時の行程をみておくと、その日は橋寺（木津川北岸の泉橋寺）で泊まり、翌日「寺めくところに泊まりて」、次の日、椿市《つばいち》に泊まり、長谷寺に参詣する。帰りも宇治で休憩していることが記されている。三日で帰るはずが、四日になったという。

『源氏物語』にも、初瀬詣での途中に宇治で休む場面が語られている。薫が浮舟をはじめて見る場面である。

女車のことごとしきさまにはあらぬ一つ、荒ましき東男の腰に物負へるあまた具して、下人も数多く頼もしげなるけしきにて、橋より今渡り来る見ゆ。（「宿木《やどりぎ》」）

と、ちょうど常陸前司の一行が宇治の橋を渡ってくるのを見ている。東国の荒々しい男たちを従者にしている。橋だから目立つわけで、橋をざわざわ渡る珍しい場面である。『蜻蛉日記』の「行き交ふ舟どもあまた」は宇治川の賑わいを示すが、このような光景は『源氏物語』にも語られている。

あやしき舟どもに柴刈り積み、おのおの何となき世の営みどもに行き交ふさまども、はかなき水の上に浮かびたる、誰を思へば同じごとなる世の常なさなり。我は浮かばず、玉の台に静けき身と思ふべき世かはと思ひ続けらる。（「橋姫」）

薫の目からの描写である。物資というより、柴を積む小舟が行き交っているが、「世の営みども」と日常生活を語る方向に引かれたためだろう。この柴を積む舟は「浮舟」でも、「宇治橋のはるばると見渡さるるに、柴積み舟の所々行き違ひたる」と語られ、定型的な宇治川の表現であったようだ。ついでに、『源氏物語』には、宇治の寺の僧があたりの里々や京まで歩き念仏を唱えて回っていることも書かれている（「総角《あげまき》」）。

平安初期の承和年間（八三四〜四八）に京の人々が宇治に土地を買ったことが、土地売買の証文でわかることを西山恵子が述べている（『平安時代の宇治』宇治市教育委員会、一九九〇年）。高い身分の者ではないらしい。京との繋がりの深さを示す。西山は、寺に勤める者、貴族の別荘に働く者、水運関係者など、宇治にはそうとうの人口があったと推定している。ちょっとした地方の町的な場所だったと思えばいい。

宇治の別荘

その別荘だが、嵯峨天皇が栗前野《くりさきの》に遊猟に行き、日が暮れ、明日香親王の「宇治別業」に寄ったという記事（『日本後紀』弘仁五年九月二十七日条）から、明日香親王の別荘があったことが知られるのが最初である。明日香親王は桓武《かんむ》天皇の第七皇子。翌弘仁六年（八一五）六月二十七日に、賀陽豊年《かやのとよとし》が「宇治の別業」で亡くなった記事があり、すでに平安初期に宇治は別荘地帯としての位置をもっていたようだ。平将《まさ》門《かど》の乱の鎮圧に征夷大将軍に任命された藤原忠文《ただふみ》（八七三〜九四七）の別荘もあったらしい。秋冬は務めをきちんとはたしたが、炎暑のころは休暇をもらって、宇治の別業で避暑をしており、時に髪を宇治川で洗ったという（『江談抄』巻二）。『宇治拾遺物語』序も、避暑の姿だった。

『源氏物語』にも八の宮のものばかりでなく、別荘が登場する。匂の宮が浮舟を密かに連れ出し、一夜を過ごすことになる家で、匂の宮の従者の時方の叔父の因幡守の別荘である（「浮舟」）。まだ完成していなかったらしい。八の宮の山荘の対岸にあり、小舟で渡っている。浮舟が救われる故朱雀《すざく》院（源氏の兄）の宇治院もあった（「手習」）ここは荒れ果てているが、物詣での人々がいつも泊まっていく所だという。この場合は、横川《よかわ》の僧都《そうず》が院守（院の預かり）を知っていたので頼むと泊めてくれた。ということは、管理人さえ了承すれば誰でも泊まれたことになる。持ち主の来なくなった別荘は宿の役割をはたしたようだ。この故朱雀院の宇治院の側と思われるが、横川の僧都の知り合いが住んでいる。「御嶽精進《みたけさうじ》」をしているというから、仏教関係者と思われる。

世をうぢ山

交通の要所、水運による賑わい、そして別荘地帯という像は、八の宮の住まいと矛盾するようにみえる。では、なぜ八の宮の住まいのような郊外の果てという像ができたのだろうか。それには、『古今集』の喜撰《きせん》法師の、

わが庵《いほ》は都の辰巳しかぞ住む世をうぢ山と人はいふなり　（雑下　巻一八・九八三）

の歌が大きいと思われる。「世を憂」と「宇治山」との掛詞《かけことば》になっており、宇治山を世をいとう山と人はいうと詠まれた。かといって、前から人がそういっていたわけではない。

この歌は、すぐ前にある、

わが庵は三輪の山もと恋しくはとぶらひ来ませ杉立てる門　（巻一八・九八二）

と似通っており、ある様式の歌と思われる。三輪の山もとの歌は、私の家は三輪の山もとにあるといっているが、三輪の山もとは広く、どこだか分からない。そこで、杉が門のところに立っている家だと教えている。つまり、家のありかを教えている歌だが、この杉の

立っている門が三輪神社をさすことが考えられ、その場合には、暗示、一種の謎掛けをしているといえる。うぢ山の歌の場合は、わたしの住んでいる所は、人々が世を憂しと思って住む場所だと答え、そこから宇治という地名を連想させようとしている。いうならば、あなたの家はどこかと尋ねられたのに対して応える謎歌の様式にあると考えられる。

したがって、『古今集』の仮名序に「宇治山の僧喜撰」と呼ばれ、この歌が有名だったか、序によってこの歌が有名になったのか、どちらにしろ、宇治が「憂し」という像をもつのはこの喜撰法師の歌の影響と思われる。

『古今集』には宇治に「憂し」をかける歌がもう一首ある。

忘らるる身をうぢ橋の中絶えて人も通はぬ年ぞ経にける　（恋五　巻一五・八二五）

恋しい人に飽きられ忘れられて身をつらいと思っていることと、宇治橋が壊れている状態が重ねられて詠まれている歌である。この歌からは、宇治橋が壊れていた時期が長くあったことになる。記録がないので確認できないが、こういうこともあったのかもしれない。ただし『延喜式』巻五〇「雑式」に、毎年近江国から一〇枚、丹後国から八枚の長さ三丈幅一尺三寸厚さ八寸の敷板が送られることに定められており、管理は行われていた。なお、この条には山崎橋にも敷板が送られることも記されているが、枚数は四二枚、長さが二丈四尺で、橋の幅は宇治橋が広く、長さは山崎橋のほうが長いことが知られる。

その橋の管理には橋守がいた。やはり『古今集』に、

ちはやぶる宇治の橋守汝《なれ》をしぞあはれとは思ふ年の経ぬれば

（雑上　巻一七・九〇四）

とある。なぜ橋守を「あはれ」と思うかといえば、やはり「憂し」がこめられているからだろう。長く橋守を勤める者はずっと世を「憂し」と暮らすから、あるいは、「憂し」という状態に置かれてしまうからと思われる。なお、この歌には「ちはやぶる」という枕詞が冠せられており、宇治川の流れの激しさを思わせる。そして、この激流と「憂し」が『源氏物語』の八の宮の住まいの状況と重なる。

宇治十帖

宇治は川の流れの音の激しさだけでなく、風の音も激しい。『源氏物語』はこの荒々しい音を繰り返し語っており、宇治十帖の基調をなしているといってもいいほどだ。

（薫は）宇治の宮を久しく見給はぬ時は、いとど昔遠くなる心地して、すずろに心細ければ、九月二十余日ばかりにおはしたり。いとどしく風のみ吹き払ひて、心すさまじげなる水の音のみ宿守にて、人影も見えず。見るにはまづかきくらし、悲しきこ

とぞ限りなき。（「宿木」）

大君が亡くなり、中の君は匂の宮のもとに引き取られ、宇治の八の宮邸は主を失っている。八の宮から譲られたこの邸を、源氏は寺に立て直すことを言い出す。その場面の書き出しである。薫は、しばらく宇治の邸に行かないと亡くなった大君とますます遠くなる気がして、出かける。宇治は激しく風ばかりが吹いて、心さびしいような水の音だけが薫を迎える。大君を失った薫の心と宇治の自然が対応している語りぶりである。こういう状況のなかで、寺への改築を阿闍梨《あじゃり》に頼むが、阿闍梨は、

とざまかうざまに、いともかしこく尊き御心なり。昔、別れを悲しびて、骨を包みてあまたの年首にかけて侍りける人も、仏の御方便にてなん、かの骨の袋を棄てて、つひに聖の道にも入り侍りにける。この寝殿を御覧ずるにつけて、御心動きおはしますらん、ひとつにはたいだいしきことなり。また、後の世のすすめともなるべきことに侍りけり。

と、死者への執着から骨を身に着けて持ち続けた者の話をする。これは物語のものではなく、説話の話である。物語文学は上流の貴族たちを主人公にし、宮廷生活を中心にして語られるものだった。日記文学も同じだ。『源氏物語』も、宇治十帖より前はそういう世界

をえがいている。説話文学は、庶民や出家遁世者を主人公にすることもあり、舞台も都市から農村までさまざまになる。いうならば、あらゆる人々の、あらゆる場所での話を対象にしている。『宇治拾遺物語』の序文が記す通りだ。そのような話が集められる場所が宇治、郊外の外れであったように、説話は辺境的なものだといっていい。その意味で、この場面は、自然と心情の呼応、説話的な話というように、宇治を舞台にしてしかありえないものだということを示しているといえよう。

その意味では、浮舟の入水自殺という事件も、二人の男に愛され入水する、『万葉集』に伝えられる真間《まま》の娘子《おとめ》の伝承（巻九・一八〇七、八）を踏まえているとするならば、宇治という郊外の外れの場所を舞台とすることで語りえた。武蔵という辺境の地の伝承が郊外の外れで再現されたと考えてみてもいい。

入水した浮舟は救われ、横川の僧都の母の小野の住まいで出家する。小野は比叡の坂本にある。「手習」「夢の浮橋」の二巻はその小野を舞台とする。『源氏物語』の舞台は京から宇治へ、宇治から比叡坂本の小野へと移っていくことになる。これは、都市から郊外へ、そして異郷へという過程としてみることができる。『源氏物語』は京、つまり貴族社会、都市を離れることで終わっているわけだ。もちろん、浮舟の出家、比叡山へとみれば、そこに救済をみてもいい。しかし、薫が浮舟のありかを知ってしまった以上、浮舟は平穏に行いをして暮らせるとは思えない。薫が知ってしまったなら、いずれ匂の宮も知るに違いない。そうなれば、また同じような物語を展開する以外ないだろう。物語の語れる世界はそういうものだ。上流貴族たちを中心にした宮廷、都市生活をえがくのが物語だからだ。物語は都市を離れることができない。繰り返し述べているように、郊外は都市の一部、というより日本の都市は郊外まで含んで都市だった。もちろん、比叡山は貴族たち、都市人たちが物詣でなどにしばしば出かける場所であった。『蜻蛉日記』に、琵琶湖に禊《みそ》ぎに行く例があることもすでに述べた。したがって、完全に外ではない。しいていえば、浮舟は、東との最終的な境界である瀬田橋より東に姿をくらますよりほか、薫や匂の宮から逃れることはできない。それは物語の範囲を超える。つまり、小野はぎりぎりの境界だった。

あとがき

西欧の近代は城壁を壊すことで近代になっていった。産業革命により煤煙と大量の労働者の流入で街は汚れ、住宅が郊外に建てられるようになった。また工場が郊外に設けられ、働く人々が集まった。それに、城壁を造り内と外を明確に分ける文化は一方で閉鎖的になる可能性があるから、城壁を壊すことは世界に向かって開くことを意味した。ならば、最初の都市から郊外をもつ日本とは何だろう。

日本だけが急速度に欧米化した理由の一つは、この郊外をもつ文化と関係するのではないか。郊外をもつことは、外と内とが接触する場所を保証していることになるからだ。つまり、外と内が対等に接し、たがいに変容することを組み込んだ文化なのだ。たぶん、現在最も世界的な国は日本だと思う。世界中のものがあり、深い伝統文化もある。伝統文化に立てば欧米の文化を容易に客観的にみることもできる。逆にこれだけ欧米化しているから、伝統文化も客観的にみうる。だとしたら、ますますいわゆる国際化していく現代において、この文化をあらためて考えてみる価値はありそうだ。郊外を考えるようになった第一のモチーフである。

私は郊外に育った。しかも子供時代に七回も転居している。小学校の頃、地元の子とも都会の子とも違った。都会も、農村も漁村も憧れでありつつ、なじめない場所でもあった。はじめから故郷がないという感覚があった。こういう子供時代が私の精神形成に大きな影響を与えたに違いない。一時下町的な板橋に暮らし、ふたたび郊外の石神井公園に戻って、あらためて自分の育った郊外というものを意識させられ、知りたくなった。それが第二のモチーフである。

日本の文芸には自然描写が多い。それを農耕とのかかわりから説明する論が大勢だが、最古の歌集である『万葉集』は都市文芸だし、和歌にしろ物語にしろ貴族たちによって展開されたもので、それがしだいに各地方に広がった。つまり農耕から離れることによって文芸が成立している。ならば、自然との関係も別の観点が必要になる。都市が成立し郊外がもたれることで、現代に繋がる文芸も成立していったと考えるほうが実状にあっているのではないか。それが第三のモチーフである。

そういうモチーフで、三、四年前から、まず私の専門領域である古代文学において史料を集めだした。そして、二年前、東京大学の文学部で非常勤講師を依頼されたのを利用して、郊外論の講義をしてみた。四年前くらいだったか、この歴史文化ライブラリーの一冊として古代の空間認識をテーマにしたものをという依頼があった。講義が終わって、一部をまとめてみる気になり、その依頼を郊外論にかえてもらって、本書を書いたわけだ。書き残していることは多くあるが、古代で考えていたことの基本は語れたと考えている。

現代はあらゆるものが多様化し、自分の位置が定めがたい時代である。自分の考えていることはどれくらい普遍性があるのか不安になる。そういう現実自体を組み込んだ思想、考え方の基本はないものかと思う。郊外というテーマはそういう問題を考えていく基本になりはしまいかと期待している。郊外とは何でもありながらあるまとまりがあり、固有性がないようでいてありという空間だからだ。

こういう時代はじっくり事実をみてそこから考えていく必要がある。事実は誰でもが共有できる。その意味で、本書はなるべく史料をあげることにした。それがわずらわしくむずかしいと感じる読者もいるかもしれない。しかし、事実に耐えることこそ今最も必要なことではないかと思う。史料はなるべくおもしろいものを引いたつもりだし、文章も専門語にならないようにしたつもりである。日本の文化、歴史、文芸などをあらためて考えるきっかけになって欲しいと願っている。

本書を書くに際しては、多くの方のお世話になっている。私は古代の文芸を読むには、その土地に行けば何かがわかると考えるより、まず表現を考えるべきだという方法をとってきたから、大和にしろ山城にしろほとんど知らなかった。郊外という空間を考えるにはそうはいかず、それこそ西も東もわからない私には案内者が必要だった。関西在住の学友増田茂恭氏には、石清水八幡、交野、双の丘など、真下厚氏には船岡、北野などにつれていっていただき、私の考えていることに自信を与えてもらった。

また吉川弘文館編集部の大岩由明氏には原稿段階でアドバイスをいただき、製作面では杉原珠海氏に丁寧にみていただいた。

いつもながら、書物は一人で作るものではないと、つくづく感じている。

一九九八年二月六日

古橋信孝

著者紹介
一九四三年、東京生まれ
一九六六年、東京大学文学部国語国文学科卒業
現在武蔵大学教授
主要著書
古代和歌の発生　古代の恋愛生活　万葉歌の成立　古代都市の文芸生活　雨夜の逢引

歴史文化ライブラリー
36

平安京の都市生活と郊外

一九九八年四月一日　第一刷発行

著　者　古《ふる》橋《はし》信《のぶ》孝《よし》

発行者　吉川圭三

発行所　株式会社　吉川弘文館
東京都文京区本郷七丁目二番八号
郵便番号一一三−〇〇三三
電話〇三−三八一三−九一五一〈代表〉
振替口座〇〇一〇〇−五−二四四

印刷＝平文社　製本＝ナショナル製本
装幀＝山崎　登（日本デザインセンター）

歴史文化ライブラリー

1996.10

刊行のことば

現今の日本および国際社会は、さまざまな面で大変動の時代を迎えておりますが、近づきつつある二十一世紀は人類史の到達点として、物質的な繁栄のみならず文化や自然・社会環境を謳歌できる平和な社会でなければなりません。しかしながら高度成長・技術革新にともなう急激な変貌は「自己本位な刹那主義」の風潮を生みだし、先人が築いてきた歴史や文化に学ぶ余裕もなく、いまだ明るい人類の将来が展望できていないようにも見えます。このような状況を踏まえ、よりよい二十一世紀社会を築くために、人類誕生から現在に至る「人類の遺産・教訓」としてのあらゆる分野の歴史と文化を「歴史文化ライブラリー」として刊行することといたしました。

小社は、安政四年(一八五七)の創業以来、一貫して歴史学を中心とした専門出版社として書籍を刊行しつづけてまいりました。その経験を生かし、学問成果にもとづいた本叢書を刊行し社会的要請に応えて行きたいと考えております。

現代は、マスメディアが発達した高度情報化社会といわれますが、私どもはあくまでも活字を主体とした出版こそ、ものの本質を考える基礎と信じ、本叢書をとおして社会に訴えてまいりたいと思います。これから生まれでる一冊一冊が、それぞれの読者を知的冒険の旅へと誘い、希望に満ちた人類の未来を構築する糧となれば幸いです。

吉川弘文館

〈オンデマンド版〉
平安京の都市生活と郊外

On Demand
歴史文化ライブラリー
36

2017年（平成29）10月1日　発行

著　者　古《ふる》橋《はし》信《のぶ》孝《よし》
発行者　吉川道郎
発行所　株式会社　吉川弘文館
〒113-0033　東京都文京区本郷7丁目2番8号
TEL　03-3813-9151〈代表〉
URL　http://www.yoshikawa-k.co.jp/

印刷・製本　大日本印刷株式会社
装　幀　清水良洋・宮崎萌美

古橋信孝（1943～）

ISBN978-4-642-75436-1